山西古村镇系列丛书

山西省住房和城乡建设厅组织编写

悬空古

刘捷 徐彤 李超
李欣欣 于丽萍 薛林平
著

中国建筑工业出版社

图书在版编目(CIP)数据

悬空古村/刘捷等著. —北京：中国建筑工业出版社，2011.1
（山西古村镇系列丛书）
ISBN 978-7-112-12764-1

Ⅰ.①悬… Ⅱ.①刘… Ⅲ.①乡村-简介-宁武县 Ⅳ.①K922.55

中国版本图书馆CIP数据核字（2010）第254887号

责任编辑：费海玲
责任设计：董建平
责任校对：陈晶晶　姜小莲

山西古村镇系列丛书
山西省住房和城乡建设厅组织编写
悬空古村
刘　捷　徐　彤　李　超　李欣欣　于丽萍　薛林平　著

*

中国建筑工业出版社出版、发行（北京西郊百万庄）
各地新华书店、建筑书店经销
北京方舟正佳图文设计有限公司制版
北京方嘉彩色印刷有限责任公司印刷

*

开本：787×960毫米　1/16　印张：7¾　字数：185千字
2011年3月第一版　2011年3月第一次印刷
定价：48.00元
ISBN 978-7-112-12764-1
(20020)

《山西古村镇系列丛书》

主　编：王国正　李锦生
副主编：张　海　薛明耀　于丽萍

《悬空古村》

著　者：刘　捷　徐　彤　李　超
李欣欣　于丽萍　薛林平

丛书总序

我曾多次到过山西，这里丰富的历史遗存和深厚的人文底蕴，令人赞叹，给人的印象非常深刻。山西省建设厅张海同志请我为《山西古村镇系列丛书》作个序，在这里我就历史文化遗产和古村镇保护等有关问题谈一些粗浅的想法。

国际经济社会发展的经验证明，一个国家城镇化水平达到30%以后，城镇化进程不断加快，随之出现城市建设的高潮；人均生产总值达到1000～3000美元时，进入经济发展的黄金期，也是多种矛盾的爆发期，这个时期不仅可能引发各种社会矛盾，还会出现许多问题。我国城镇化水平2003年就已经超过了40%，人均生产总值2006年已经超过了2000美元，国民经济快速发展，城镇化进程不断加速；在城市建设日新月异的发展中，中央又审时度势提出了“两个趋势”的科学判断，作出了加强小城镇和新农村建设的决策。过去，我国城市的大批建筑遗存，正是在大搞城市建设中遭到毁灭性破坏。现在，我国农村许多建筑遗产，能否在小城镇和新农村建设中有效保护，正面临着严峻考验。处理好小城镇和新农村建设与古村镇保护的关系，保护祖先留下的非常宝贵、不可再生的文化遗产，是历史赋予我们义不容辞的责任。

对于建筑历史文化遗产的保护，人们的观念不断创新、思路逐步调整、方法正在改进，从注重官府建筑、宗教建筑的保护，向关注平民建筑保护的转变；从注重单体建筑的保护，向关注连同建筑周边环境保护的转变；尤其是近年来，特别关注古村镇的保护。因为，古村镇是区域文化的“细胞”，是一个各种历史文化的综合载体，不仅拥有表现地域、历史和民族风情的民居建筑、街区格局、历史环境、传统风貌等物质文化遗产，还附着居住者的衣食起居、劳动生产、宗教礼仪、民间艺术等非物质文化遗产。我国现存有大量的古村镇，其历史文化价值和社会经济价值都是巨大的，按照英格兰的统计方法，古村镇的价值应占到GDP的30%以上。然而，认识到这一点的人并不多，甚至有人认为古村镇、古建筑是社会发展的绊脚石，这种观点对于文化的传承和社会的进步都是极为不利的。在快速推进的城乡建设浪潮中，我们所面临的最大问题就是，大批历史古迹被毁坏，大批古村镇被过度改造，使中华民族的历史文化遗产严重损坏。在这个时候提出古村镇的保护，实际上是一项带有抢救性的工作。

2008年1月1日开始实施的《城乡规划法》，突出强调了保护历史文化遗产的重要性；2008年4月又颁布了《历史文化名城名镇名村保护条例》。历史文化名城保护工作已开展近30年，历史文化名镇名村保护工作也已启动，现在大家基本达成共识，保护有价值的古村镇，其实就是“保护文化遗产，弘扬优秀的传统文化……保持民族性，体现时代性”。但是，当前全国历史文化村镇保护的形势仍然不容乐观，保护工作极不平衡，一些地方还未认识到整体保护历史文化村镇的重要性，忽视了周边环境风貌和尚未列入文物保护单位的优秀民居的保护，制定和完善保护历史文化村镇规划的任务还十分艰巨；一些地区片面追求经济效益，对历史文化村镇进行无限度、无规划的盲目开发；一些地方擅自改变国有文物保护单位的管理体制，交给企业经营管理。

作为华夏文明的发祥地之一，山西有着丰厚的文化积淀和历史遗存，不仅有数量众多的古建筑，还保存有大量的古村镇。由于山西历史悠久、民族聚居、文化融合、地形差异等多因素影响，再加之较为发达的古代经济，建造了大量反映农耕文明时代、各具特色的古村镇。这些古村镇，一是分布在山西中部汾河流域，以平遥古城为中心，以晋商经济为支撑，体现晋商文化特色；二是分布在晋城境内沁河流域，以阳城县的皇城、润城为中心，以冶炼工业及商贸流通为支撑，体现晋东南文化特色；三是分布在吕梁山区黄河沿岸，以临县碛口古镇为中心，以古代商贸流通、商品集散为支撑，体现晋西北黄土高原文化；四是沿山西省内外长城，在重要边关隘口，以留存了防御性村堡，体现边塞风情和边关文化，在山西统称为“三河一关”古村镇。这些朴实生动和极富文化内涵的古村镇，是人类生存聚落的延续，是中国传统建筑的精髓；保存有完整的古街区、大量的古建筑，体现着先人在村镇选址、街区规划、院落布局、建筑构造、装饰技巧等方面的高超水平；真实地反映了农耕文明时代的乡村经济和社会生活，凝聚了劳动人民的智慧，沉淀了中华民族的优秀文化，传承了丰富的历史信息；具有浓郁的地方特色和很高的研究价值，是人类共同的文化遗产和宝贵财富。

山西省建设厅一直对古村镇及其文化遗产的保护非常重视，从2005年开始，对全省的古村镇进行了系统普查，根据普查的初步成果，编辑出版了《山西古村镇》一书；同年，主办了“中国古村镇保护与发展碛口国际研讨会”，并通过了《碛口宣言》。报请省政府下发了《关于历史文化名镇名村保护工作的意见》，并分两批公布了71个“山西省历史文化名镇名村”，其中18处已经成为“中国历史文化名镇名村”。为大部分古村镇制定了科学的保护规划，开展了多层次的保护工作，逐步形成了科学、合理、有效的保护机制。为了不断提高人们的保护意识，他们又组织编写了《山西古村镇系列丛书》，本系列丛书撷取山西有代表性的古村镇，翔实地介绍了其历史文化、选址格局、建筑特色、非物质文化遗产，内容较为丰富。为了完成书稿的写作，课题组多次到现场调查，在村落中居住生活了相当一段时间，积累了大量第一手资料。通过细致的测绘图纸和生动的实物照片，可以看到他们极大的工作热情和辛勤劳动。这套丛书不仅是对古村镇保护工作的反映，更有助于不断增强全社会的文化遗产保护意识。让我们以此为契机，妥善处理保护与发展的关系，做到科学保护、有效传承、永续利用历史文化遗产，不断开创历史文化名镇名村保护工作的新局面。

是为序。

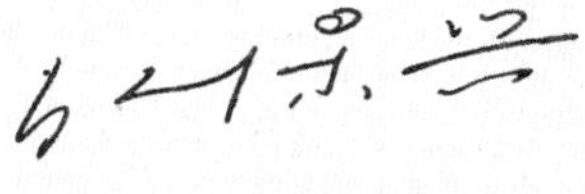

住房和城乡建设部　副部长

目 录

C O N T

E N T S

CONTENTS

【第一章】

综述

ZONGSHU

有这样一个村子，悬在山腰，好似空中楼阁……

有这样一个村子，走在撒满羊粪的木栈道上，亦是穿行在山腰，有如遨游云端……

有这样一个村子，凭栏远眺，群山碧海尽收眼底……

有这样一个村子，村民们依然过着挑水劈柴的生活，质朴的脸上永远洋溢着热情……（图1-1、图1-2）

图1-1 远眺悬空村

图1-2 淳朴热情的悬空村民

一、村落概况

在山西省忻州市宁武县，汾河的发源地，管涔山原始次生林中，有这样一个村子——由于独特的“生长”方式，被人们形象地称为“悬空村”。她生长在悬崖峭壁边，以其特殊的魅力成为中国北方村落中的一枝奇葩。

悬空村位于宁武县涔山乡（图1-3），如今发现的“悬空村”共有三处（图1-4）：

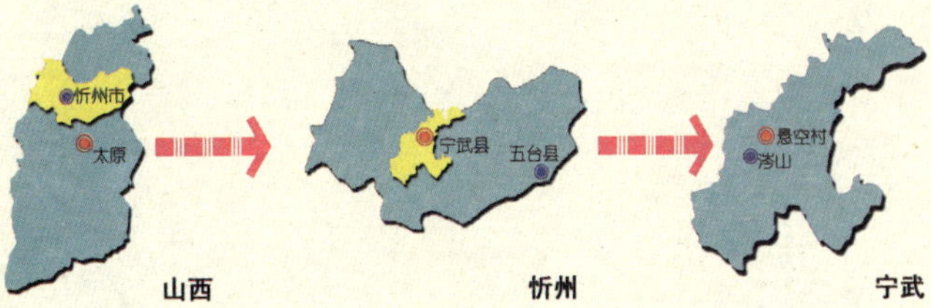

图1-3 悬空村区位

图1-4 三处“悬空村”的位置关系

王化沟村（图1-5）、五华山村（图1-6）和曹家梁村（图1-7），三个村子相距很近，自古便有栈道连通。与其他两个村子相比，王化沟村规模最大，所处的地势更为险峻，保存也最为完整。本书中所论述的悬空村，主要是指王化沟村。

图1-5 王化沟村

王化沟村位于东经112° 30′～112° 00′、北纬39° 30′～39° 00′之间，东西长约400米，南北宽约70米，总面积约为10.5公顷。村落地处国家级森林公园管涔山的清真山风景区，所在的翔凤山是清真山著名的“九峰一山”之一，地理位置得天独厚，周边环境优美，山、水、关、林、洞、谷、石、瀑、甸、草、湖、泉、寺等自然和人文景观独具特色，有着深厚的历史积淀，折射出灿烂的汾河文明（图1–8）。

图1–6 五华山村

图1–7 曹家梁村

图1–8 村落周边环境

第一章 综述

图1—9 骡马搬运

图1—10 90年代的悬空村[1]

如今的悬空村民如同他们的先民一样，居住在距山脚百余米高的悬崖半山之上，各家以悬空栈道相连，被称为“天上人家”、“栈道人家”。村民们睡火炕，烧木薪，用骡、马等大牲畜运送生活必需品（图1—9），伴着奔流的泉水和漫山的羊群，过着简单而宁静的生活（图1—10）。

二、历史文化

悬空村的历史，并没有明确记载，村中没有家谱、碑刻、村志等留存，但据村民回忆，村落还是有着漫长的发展史……

远古时代，悬空村所在的翔凤山山顶就已有人类居住。人们把树枝砍成木棒，用来采集植物的根、茎、果实和捕捉猎物；把石块敲打成粗糙的石器，用来剥割动物的皮肉；把雷击后的火种保留下来，用来烧烤食物、照明、防寒、吓跑野兽……由于环境险恶，工具简单粗糙，只靠个人力量无法生存，原始人集体狩猎和采集，过着群居的生活。

随着时代的变迁，山顶的气候和食物已经不能满足生活需求，人们开始向山下转移，以“古崖居”作为栖息之地。“古崖居”是把山崖间的天然洞穴开凿和整理，形成的可供居住、生活的石室。现在的山崖间，仍有两处“古崖居”遗迹，沿着陡峭的山路攀爬其上，可大略感受远古人类生活的些许痕迹（图1—11）。

唐代，佛教文化广泛传播，也渗透到了管涔山的每一个角落。据考证，隋唐清真山一带修建了普应寺、仙人洞、金安寺、北天寺、普同庵、观音庙等300多座佛教寺庙，这些寺

1 宁武县涔山乡党委书记吴雁臻提供。

图1-11 古崖居

图1-12《宁武府志注》“清真山图”中的悬空栈道[1]

庙大多位于距山谷底数十米或百余米的山腰，巧妙地利用悬崖中变质岩层及山洞而建。当时山谷底部汾水汹涌，野兽出没，为寺庙之间往来方便和安全需要，修筑了长达42华里的悬空栈道连接各个寺庙，构成了中国宗教历史上绝无仅有的悬空古栈道寺庙群（图1-12）。

至今，悬空栈道断续有数公里留存，并有两处可辨认的游人题记：一处为揽月洞侧的唐贞元三年题记，可辨之字有“贞元三年（787年）六月善人……庚丑年四月……先生重意……”一处为毗卢殿西侧的明万历二十年（1592年）题记，可识之字有“万历二十年初九日，朔州善人五人林明，王世忠，鲁本正，李明……到此一游”。由此判断，至迟唐贞元年间，栈道已十分活跃，常有善人经此进香游玩，明代依然如此。如今附近的居民逢年过节还是会到附近的寺庙拜佛求神，栈道和佛教文化延续依旧。

1　（清）魏元枢，周景柱编纂；董常保注.宁武府志注（山西古代方志系列）.中国文史出版社，2006年11月.

便利的交通和日益增多的朝圣者吸引了在古崖居中居住的人们，他们在交通更方便、生活更热闹，也更靠近水源的悬空栈道附近聚集成村。人们不断改进房屋的形式和布局，以适应这里的环境；同时逐渐扩充着村子的规模，以满足日益增多的人口。村落的建设也使得栈道更加繁忙，栈道、村落、寺庙相依相存，构成管涔山区的一幅美好生活图卷。

而悬空村真正的繁荣则是在明代。相传明朝末年，闯王起兵，明亡在即，崇祯皇帝遣散子女，其中随师傅出逃的四皇子投奔到当时在宁武关和李自成决战的三关总兵周遇吉。周遇吉忠于明朝，至死不降，可他也估计到自己并无全胜把握，为防万一，他劝四皇子到管涔山深处躲避。四皇子见忠诚的周遇吉也对明朝前途如此悲观，自觉别无出路，便决定削发为僧，了此残生。在周遇吉等人的护送下，他来到了位于翔凤山主峰的普应寺（图1–13）皈依佛门，潜心佛法，法号晓安，皇子的随从则在普应寺周围聚集成村，不断繁衍生息。清代这个村子受到了帝王一统化的控制，取其意而名为“王化沟”，便是今天的悬空村。

如今由于地处深山，悬空村的对外交通已显得十分不便，村中无论生活设施还是生活方式都依旧原始，无法满足村民的需求，年轻的男子大都到外地打工，青年女子也纷纷嫁去山外条件较好的人家。村内在籍人口120人，常住的只有五六十人，大多是年迈的老人，过着简单而平静的生活（图1–14）。

图1–13 普应寺山门

图1–14 恬静的生活

【第二章】

村落形成

CUNLUO XINGCHENG

悬空村群山环抱、环境优美，经历了漫长的历史演变，成就了自身的独特魅力。在这里，气候、地形、水源得到了充分的利用，极具乡土气息的村落特征让人倍感清新。

一、地理环境

悬空村所在的管涔山属晋西北黄土高原吕梁山脉，平均海拔1800～2000米[1]，《山海经》载：“《北次二经》之首，在河之东，其首枕汾，其名曰管涔之山。其上无木而多草，其下多玉。汾水出焉，而西流注于河。”管涔山素有山西省山脉总系之称，境内地形较为复杂，有山地、丘陵、高原、盆地、台地等多种地貌，山西境内的主要河流——汾河便发源于此，以宁武县分水岭为界，西南为汾河流域，西北为恢河流域（图2–1）。

图2–1 宁武县境内汾河与恢河的分水岭

1 山西旅游景区志丛书编委会编．管涔山志．山西人民出版社，2003年11月．

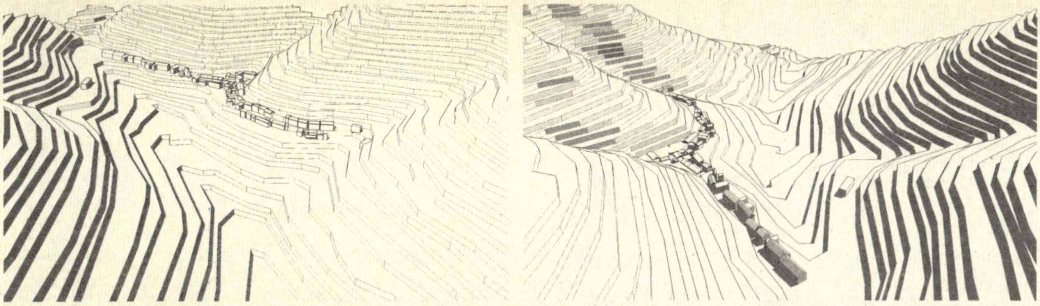

图2-2 悬空村地形模型

图2-3 劈柴

悬空村便位于汾河河谷地带（图2-2），这里多高山峻岭，森林覆盖较好。木材是必不可少的生活物资，除了生火取暖外（图2-3），制作生活用品、耕作农具或是搭建房屋都利用砍伐的原材；山中石材经粗加工后，用于房屋围护结构的搭建；日常食物除自己耕种外，多从山中采集。

这一带属北温带大陆性气候，兼具高山严寒区和寒冷干燥区的属性，四季分明，无霜期短，昼夜温差大。冬季漫长，寒冷干燥，多大风（图2-4）；夏季雨多，年平均降水量在470至770毫米之间，雨量高度集中于7月和8月[1]。

1 山西旅游景区志丛书编委会编．管涔山志．山西人民出版社，2003年11月．

图2-4 冬季的悬空村[1]

1 宁武县涔山乡党委书记吴雁臻提供.

二、风水理论

悬空村在选址和发展的过程中，创造性地运用了中国传统的风水理论。中国传统风水堪舆理论，是古人观察地形、选择居住场所的原则和方法。《葬书》有云："葬者乘生气也。经曰，气乘风则散，界水则止，古人聚之使之不散，行之使有止，故谓之风水。"风水堪舆在具体应用中可分为两种，一种注重山川形态、空间形象，即所谓"形势宗"；一种注重时间序列、理气卦法，即所谓"理气宗"。悬空村在整体选址的理念上较为偏向"形势宗"，即在满足生理和心理的基本人居条件下，选择优势地段为自身所用；而在建宅方位以及基地的整体朝向上则重视"理气宗"的观念，为村藏气。

悬空村的择址选形注重"形法"，即村落和自然环境共同形成的物质空间形态。村落选址"山环水抱"，山可以"聚气藏气"，水可以"栽气纳气"，由此形成理想人居空间。常言道，"觅龙、察砂、观水、点穴"，即是对山体、水体的形态和趋向进行分析，以确定建造居所的位置。悬空村的选址是比较典型的背山临水，负阴抱阳。背山可以阻隔西北方向的风沙，又可以广收朝阳之气。山中泉眼甚多，四季泉水不断，村中有三口泉眼可提供生活用水，周边也有溪流和泉水（图2-5），当地人喝山泉长大，神清气爽。由此观之，悬空村实乃人杰地灵的一块宝地。

图2-5 悬空村周边的溪流

传统的风水理论对于村落外部环境的要求是：背靠主龙脉生气的主山、少祖山和祖山，青龙白虎为左辅右弼，前面有屈曲的流水潺缓而过，对景有案山隔水而望，朝山则处于远端延绵视野之中（图2-6）。悬空村坐落于管涔山系中，地势起伏多变，虽没有严格按照传统的理论要求，一峰一山地对应，但坐落在山坳之中，山脉围合，远处的山系作为对景，亦是有规制可循，建筑的朝向则由于特殊的地势而作了适当的变通。

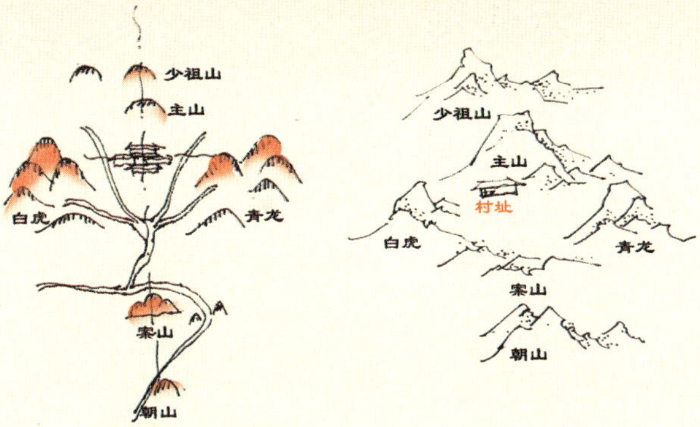

图2-6 传统风水形势图

《诗经·大雅·公刘》载："既溥且长，既景乃冈，相其阴阳，观其流泉。"大意是说，考察（用地）大小和长短，观察太阳变化和山川走向，考察山水关系，寻找水源、勘测流向。悬空村就是这样一个在环境和风水上占据优势的古村，背靠群山，溪流环绕，"悬"于山间，顺着山体的伸展方向一字排开，形成了美丽而又独特的风景线（图2-7）。

图2-7 悬在山间的风景线

三、村落选址

“人之居处，宜以大地山河为主……” “以山水为血脉，以草木为毛发，以烟云为神采”[1]，人类聚落的营造，首先该考虑的是贴近自然。古时人们将环境视为一个包含了各种生命体的有机整体，人是这个整体中的一部分，大地山河是人类赖以生存的物质空间，所以人必须融于自然，与自然同生同息。

悬空村选址之巧妙，意境之奇特，恰恰反映了与自然的血脉关系，村落好似从山中生长出一般。

1.内聚山坳

悬空村整体嵌于山体之中，利用山体与树木形成的天然屏障，阻隔西北方向的风沙，

图2–8 村落选址分析

1 见《阳宅十书》。

图2–9 内聚山坳

营造优质的生活环境（图2-8）。村落沿等高线分布，错落向上，建筑此消彼长，水平伸展，尽量使各家各户得到充足的光照。地理环境的相对闭塞恰恰保证了村落的稳步发展，经历世代的生息营作，逐渐形成今天的规模（图2-9）。

2.依山傍泉

传统村落的选址和布局都有明显的“亲水性”。《管子·水地》中提出：“水者，地之血气，如筋脉之通流者也”，“经脉者，所以能绝生死，处百病，调虚实，不可不通”。这是把水体比作人体中的经脉，认为水体决定着村落的兴衰。因此，水源常常成为古人建造聚居点的重要依据，难怪风水理论常说“吉地不可无水”，“风水之法，得水为上”等。

管涔山水源丰富，泉眼众多，在山中随处可见涌出的泉水，清澈甘甜。村落及周边有

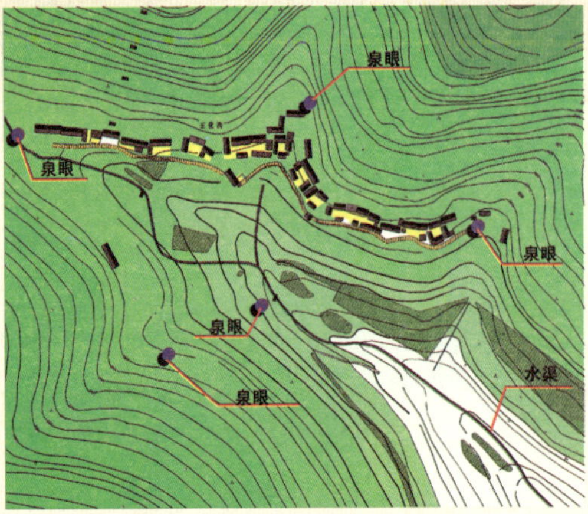

图2-10 悬空村及周边水源分布

图2-11 村落周边的泉眼

图2-12 龙王庙中的泉眼

图2-13 村中部上凸处的泉眼

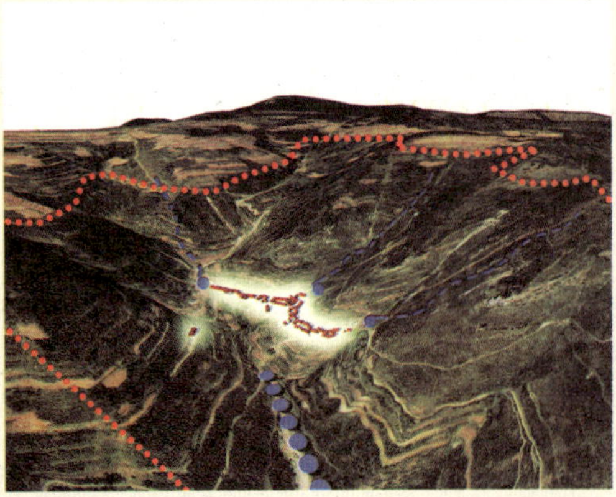

图2-14 泉水的汇集

图2-15 打谷场旁的泉眼

多处泉眼，作为生产生活的水源（图2—10、图2—11），使用频率较高的是位于村中部偏北、西部和东部的三处。这三口泉眼中，村东的泉眼上建龙王庙，既保证了泉水的清洁纯净，又成为人们拜祭龙王的场所之一（图2—12）。第二处位于村子中部上凸处，泉水最为充足（图2—13），因此很多居民选择靠近它建房居住。村西打谷场旁边有一缺口，是泉水汇集的出口，同时也是村落与外界交流的视廊通道（图2—14），这处泉眼主要供牲畜饮水之用（图2—15）。充足的水源和优良的水质保证了悬空村的生产发展和村民的体质健康。

3.农耕梯田

村落的发展离不开农耕，悬空村位于半山腰，位置相对闭塞，使得其与外界的物资交流十分困难，商业手工业发展相对落后，因此形成了自给自足的生活方式，农业显得十分重要。村落附近很少有大块的平地可供耕种，因此多采用梯田模式，利用山间坡地，垒石筑埂，形成多个小的地块，耕种各类作物（图2—16、图2—17）。

图2—16 层层的梯田

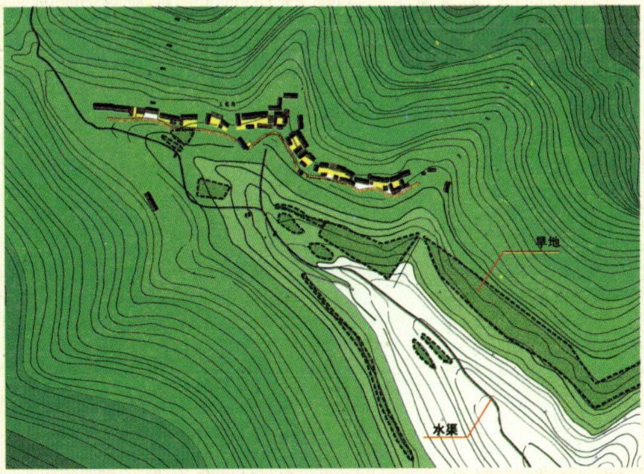

图2—17 主要梯田分布

在我国，梯田主要分布在水源比较丰富的岭南地区，以广西、云南居多，而管涔山有着丰富的水资源和独特的地势，境内泉水1483处，总流量每秒2.547立方米，在宁武县有880余处泉眼，流量为每秒144立方米[1]。这种得天独厚的条件，使得悬空村的梯田不同于北方靠天吃饭的梯田，而是能够充分利用山上溪流和山中降水，增加地表径流的下渗量，减少雨水对地面的冲刷，同时也为村子创造了一道独具特色的风景线（图2—18）。

1　山西旅游景区志丛书编委会编．管涔山志．山西人民出版社，2003年11月．

图2-18 某寨村及周边梯田景观

四、景观视廊

悬空村在因地制宜、循序渐进地创造和利用空间的同时，对环境的有序利用也营造出了独具匠心的景观空间（图2—19）。

村落选址高度适中，在上山的过程中，村落始终位于视线可及的范围内，仿若处于莲心的一朵含苞待放的睡莲，静静地述说着那些古老的故事。

图2—19 不同视线高度下的悬空村

图2-20 上山路上看到的村落

山脚村落的入口处是一条未经雕琢的石子路，在这里便能看到顺着山腰连绵起伏的村落，似神来一笔，又如山中盘旋的游龙，就要冲出山峦（图2-20）。

沿石子路向上攀爬，景色各不相同，一股溪水从上方的打谷场流下，虽然水流不大，但却源源不断地涌出，捧起一捧泉水，清澈透明，尝一口，顿感甘甜爽口。再上几步，石子路被一座小桥隔断，小桥之下，水流变得湍急，向山下奔去（图2-21）。

图2-21 上山路上的小溪

穿过小桥，蜿蜒的小径只容一人通过，弯曲向上，远远便见依山起伏的村落不断变换着角度。弯曲盘亘的山路边是层层叠叠的田垄，栽种着白菜、油菜、豆类等日常蔬菜，时常可以见到在田间耕种的村民（图2-22）和恪守职责的稻草人（图2-23），他们一起在期待着一个丰收的年景。山路旁山凹处的一盘古磨（图2-24），一直有人在使用，它身上的疤痕证实着这个村落古老的农耕历史。

绕过田垄，久违的悬空村终于清晰地展现在眼前：顺

图2-22 田间耕种

图2-23 稻草人

图2-24 路旁的古磨

图2—25 流动的画卷

着山势蜿蜒前行的木栈道上立着的一排排房屋仿若从山间长出，随着路线的变化，村落时进时退，如同一幅流动的画卷（图2—25）。

走在这条上山的小路上，感受树木和土地的气息和山体朦胧的身影，清新的景色显得十分可贵，让人不禁感叹大自然造物的奇妙。

依山势攀爬来到山腰，村落在此展开。栈道与山势平行，是村子的主要交通道路，沟通村子的两端，并向外延伸。栈道亦是一条景观路线，漫步其上，既可以感受到粗犷中透露的质朴，又可以体验到步移景异的奇妙（图2—26），或一片碧海，或起伏变幻，心中无法言说的快慰之情几欲喷薄而出（图2—27）。

悬空村已经成为管涔山的一部分，像一条天然生长的带，并没有太多的人工雕琢。这座源于自然的村落，也为自然的环境画上了淡淡却别致的一笔（图2—28）。

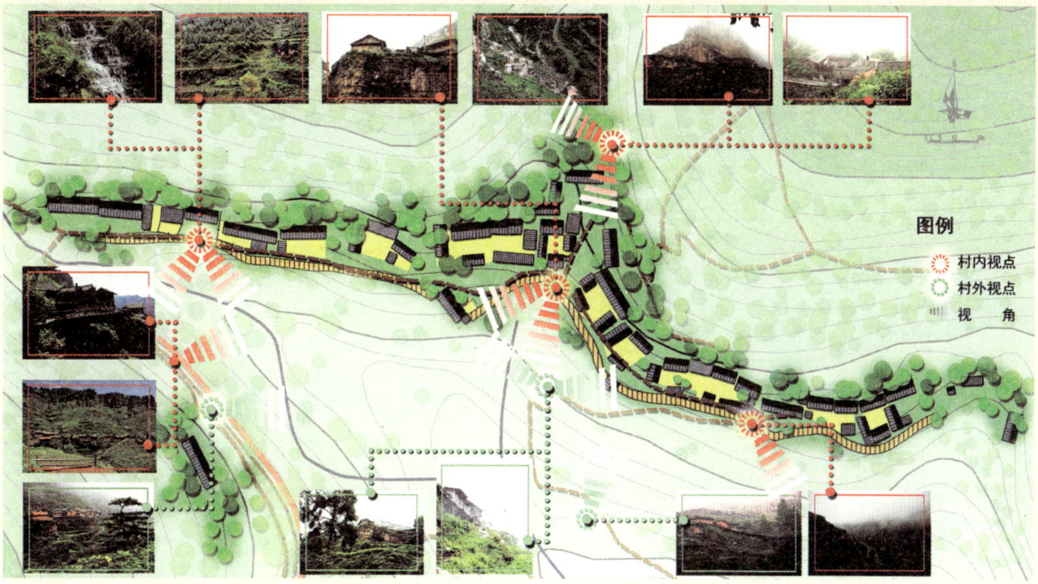

图2-26 景观视线分析

图2-27 栈道景观分析

图2–28 悬空村——自然的风景

【第三章】

村落空间

CUNLUO KONGJIAN

一、整体布局

悬空村利用山势，东西延伸，整体格局十分清晰，呈现出两端延展、中间凸出的“几”字形布局，可概括为“依附栈道，卧山而居；东西开敞，错落其中”。

村落依附栈道建于悬崖峭壁之上，沿着山体的方向伸展布局，与山体平行；院落顺山势的走向而建，居高临下，可谓“依附栈道，卧山而居”（图3-1、图3-2）。

“东西开敞，错落其中”是指村落东西两端分别有两处开敞的空间，山凹处的一排树、羊圈、龙王庙构成村落东侧的开敞空间（图3-3）；村西则有打谷场形成尽端的开阔场地（图3-4），在这之间错落分布着住宅院落（图3-5）。

图3-1 依附栈道

图3-2 卧山而居

图3-3 东西开敞——村东

图3-4 东西开敞——打谷场[1]

1 宁武县涔山乡党委书记吴雁臻提供.

图5-5 错落其中

在这之中，山体的形态、栈道的铺设以及水源的分布均对村落格局有着十分重要的影响。

山体的形态对村落形态的形成起着决定性作用。由于悬空村依山而建的特殊性，山体的走势很大程度上决定了建筑的位置和朝向，地形细微的变化都对村落的形态产生影响。另外，山体的形态也决定了栈道的铺设，而栈道作为村落内的主要交通系统，也同样决定着村落的形态。

如果说山体的形态和栈道的铺设解决了“建房问题”，那么水源则是解决了“生活问题”。人们对水源的趋向性使得村落起于泉水，止于泉水，村中部的泉眼还对整个村落的形态起到了“上拉”的作用，形成了“几”字形的凸起（图3–6）。

图3–6 悬空村总平面

二、街道空间

1.道路组织

悬空村建于山腰，由山下进村，需攀爬一段山路，目前有两条道路可以上山，一条是步道，一条是石阶。村中的道路则主要是悬空栈道，组织起几乎所有的院落。由于人们日常生活的需要，村子里还形成了几条上山的小路，通向山的更高处（图3–7、图3–8）。

进村步道狭窄曲折，盘山而上，直达村子的中部偏东，在这里形成了一个村落的入口。最窄的地方仅可一人通过，许多地方呈近45°的坡度，是典型的山间小路（图3–9）。

在村落的东边，还有一条上山的石阶，稍显陡峭，直达龙王庙东侧，向西而行进入村落（图3–10）。

图3–7 悬空村的道路组织

图3-8 远望悬空村的道路

图3-9 进村步道

图3-10 进村石阶

栈道作为村内的主要道路，承担了大部分交通功能。栈道横贯整个村落，将居住院落及庙宇等建筑连为一体。栈道的宽度随山势有所变化，有些地方还放大成为小广场，形成了丰富的道路空间和景观（图3-11）。

图3-11 栈道景观

由于山腰处山泉的存在和生活的需要，村子中部形成了一条通向山上的小路，路两侧散布着一些院落；村西也有一条小路可通往山顶。小路自然形成，较为随意（图3-12）。

由道路的组织形式和特点，可看出村落的生长过程。悬空栈道的存在无疑是村落产生的先决条件，村落沿栈道逐渐生长，栈道也就自然地成为了村内的主要道路。由于选址在栈道上水源较为丰富的一段，为了充分利用垂直高度稍高处的水源，形成了一条通向水源的小路，这条道路使居住建筑在中部产生了微微向上的生长势态。居民聚集成村后，上山、下山、放羊、耕种等成了生活中主要的需求，于是便形成上山和下山的道路，方便行走。

图3-12 上山小路

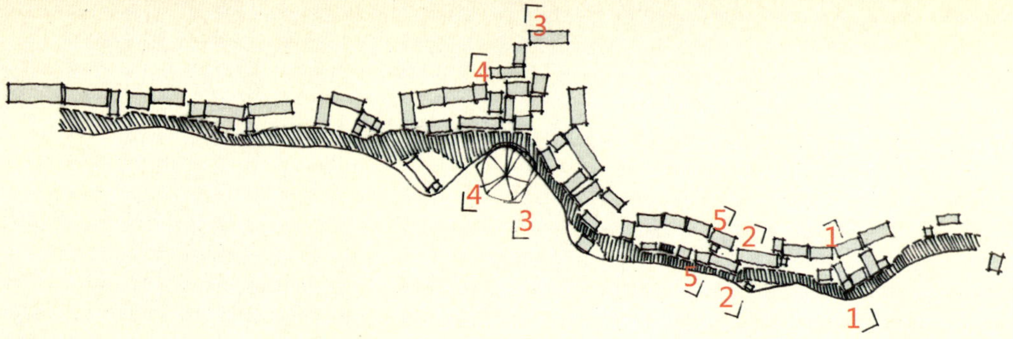

图3-13 丰富的街道空间——平面

图3-14 丰富的街道空间——剖面

2.丰富的街道空间

悬空村由一条栈道贯穿全村，村中几乎没有其他的道路，所以这里所说的街道，也就是指的悬空栈道。栈道先于村落产生，村中的建筑顺栈道而建。

栈道的宽度基本取决于它所依附的山体的陡峭程度。当山体较陡时，栈道的宽度受到限制，最窄处仅有2米多；而当山势较为平缓时，栈道也就会建得宽一些，可达5米左右。村内有些建筑部分建于山体之外，跨在栈道之上，街道宽度因此变小；还有类似于干阑式的建筑，底层架空形成过渡空间，带给栈道上行走的人们丰富的空间感受（图3-13、图3-14）。

3.院落到街道的过渡

栈道东西延伸，沿途将院落组织在

一起。依据院落的垂直高度和所处位置的不同，院落与栈道的过渡也有许多不同。

在院落入口的组织上，由于院落和栈道之间存在高差，石阶是必不可少的。石阶大多正对街道，人可以直接进入（图3—15），也有少数院落的石阶平行于街道从侧面进入（图3—16），这主要是因为建筑与栈道间的距离较小，直接进入显得困难。院落入口的组织方式反映了村落营建的原生性与实用性。

在院落的建筑组织上，一般会将起居部分布置在院落内部较高的位置，临街布置储藏或辅助用房，利用院落与栈道之间的高差，自然地划分了空间，既保证了起居空间的私密性，也创造了与自然沟通的机会（图3—17）。

图3—15 从正面进入院落

图3—16 从侧面进入院落

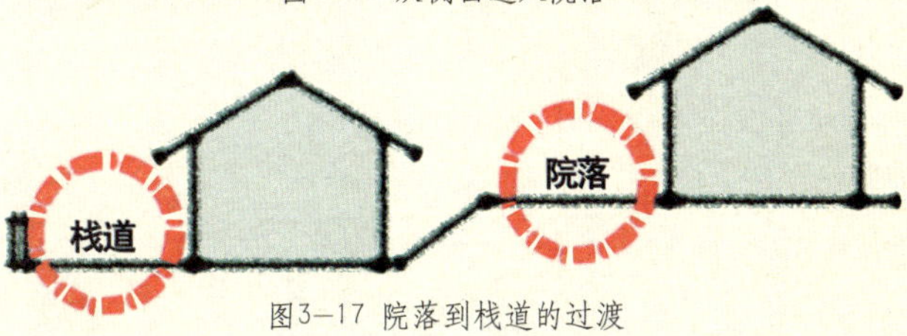

图3—17 院落到栈道的过渡

三、村落边界

悬空村的边界受地形影响很大——南北边界由于受到山体和栈道的限制，基本是固定不变的，东西边界则可以随着村落的生长而向外扩张（图3–18）。

村落东部边界是龙王庙和一处羊圈，加上一排古树，形成东部进村的起点（图3–19）。在这里有从树林到开阔地再到寺庙的完整序列，由此推测，这里可能是从前由东边的悬空栈道进入悬空村的入口。再往东去则山路险峻，所以村落向东发展的可能性并不大。

村落西侧的边界是打谷场，在这里村民们用木头架起了一个平台，以增大可利用的面积，满足摊晒粮食的要求。每到收获的季节，

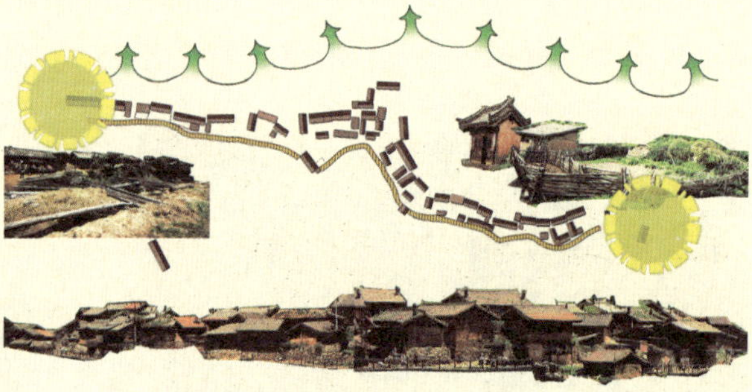

图3–18 村落边界示意

图3–20 村落南界面

作物自田地中收割回来之后，便在这里晾晒、碾压、扬场（图3-20）。

悬空村较为完整的院落多集中在中东部，越到村落边缘，建筑的围合性就越弱，反映了村落东西边界不断扩张的过程，同时新形成的边界并不收敛，与周围环境融为一体。

悬空栈道是村落的南部边界，随山势蜿蜒辗转，与山体和谐统一。村内除龙王庙外均为居住建筑，建筑朝向顺应山体，规模尺度相似，且围合形式一致。建造的整体趋同性使建筑之间相互协调，也使得从村外面看来，村落的南界面十分和谐统一（图3-21）。

图3-19 村东部的羊圈

图3-20 村西的打谷场

悬空村依山而建，北边界就是身后的山体，有几条小路延伸到山上，供村民们耕种、采摘、放牧时用，通往山上的小路在整体布局上增强了村落和山林间的联系。建筑南低北高，模糊了村落和山体的界限，让建筑更好地融于山中。

四、景观节点

悬空村内的景观节点被栈道巧妙地连接在一起，呼应了人们在村内行走时的心理感受，形成了丰富多彩的空间景观（图3-22）。村落中部以百年古树为主组织景观，同时形成居民聚集的中心；上山小路依附栈道所形成的村口、打谷场周边、中部山泉处也有各自不同的景观。当人们沿着曲折蜿蜒的栈道行走时，景观不断变换，真正做到了步移景异。

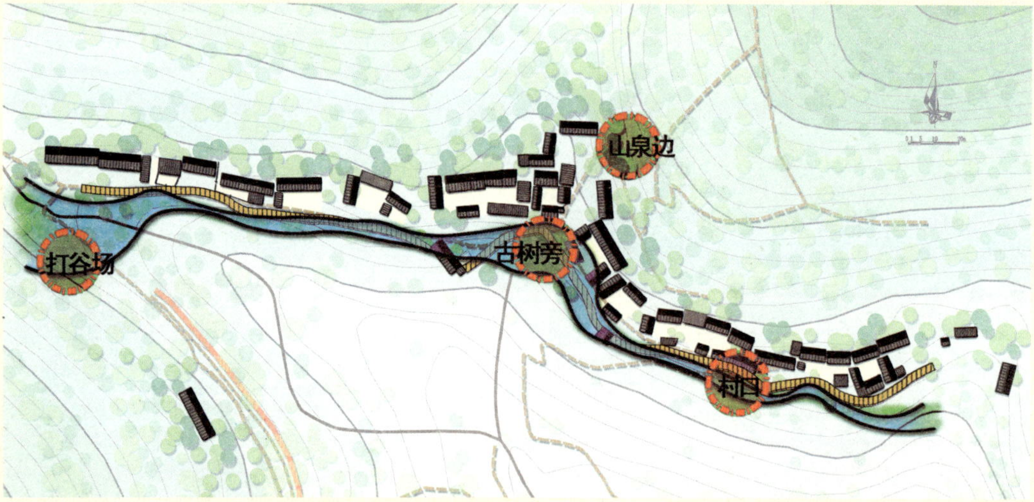

图3-22 景观节点示意

1.村口

村口位于村子中部偏东，是从山下入村的必经之路（图3-23）。进村的人们沿着山间小径一路攀爬，终于踏上了栈道，来到村落的面前，此时的一转身，带来的是震撼而舒

图3-23 村口景观节点

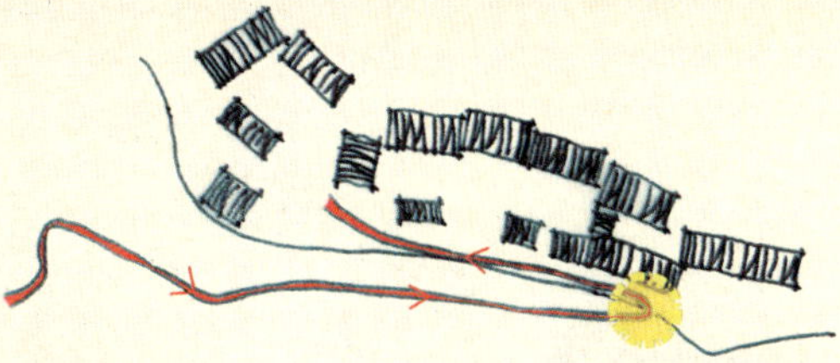

图3-24 村口路线的转变

心的感受。凭栏远眺，眼前和心中都豁然开朗——身处群山环抱中，绿色在山间一层一层展开。脚下是刚刚攀爬上来的小路，路边栽种着各种作物，远处还能看见羊群在山坡上吃草，一派生机勃勃的景象。

原本向东行的上山路线，在村口处发生了大角度的回转，变成了西行的进村道路。村口处栈道狭窄，临街建筑多为两层，且呈现前凸形态，可视距离相对较短，形成遮蔽性强的景观环境。这里空间并不开敞，也没有标志性的建筑，只有栈道和一排底层架空建筑形成的空间。建筑的底层架空在一定程度上扩大了街道空间，在村口处形成了良好的过渡。这个过渡空间为刚刚从山间小道攀爬而上的人们提供了停留喘息的场所，二层的出挑既可遮阳避雨，又可让人们在此回望刚刚征服在脚下的险山，将群山环抱、绿荫葱葱的景象一览无余。仅仅是将建筑底层架空，便可在有限的空间内创造出无限的体验，我们不得不感慨这深山中最质朴的温馨（图3-24）。

2. 古树旁

从村口处东行，随着栈道的凹凸转折变化，景观面随之展开，可将整个村子西部的景观收于眼底。继续前行，就到了以古树为中心的景观节点（图3-25）。悬空村的古树不多，分散在村子的两头和中部（图3-26）。在村落中部栈道转弯处，栈道环绕着一棵

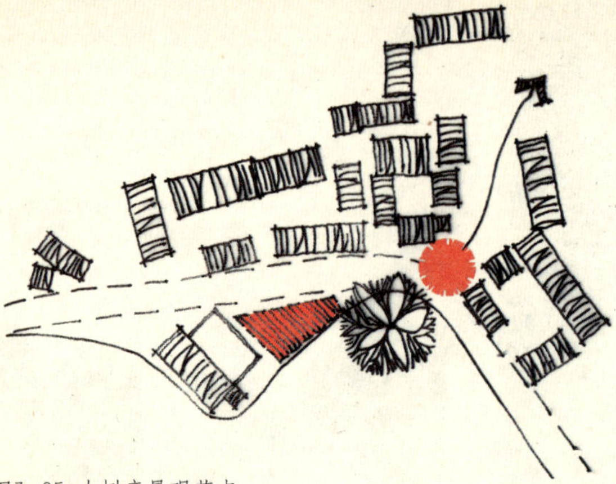

图3—25 古树旁景观节点

图3—26 悬空村的重要古树

古树而建，村里的老人也说不上这棵树是从何时在这里生根的。是人们有心保留古树而使栈道绕行，还是栈道本在此而古树恰长于其中，我们不得而知，它成为栈道的一个节点，既是具有标志意义的景观，又是一个充满领域感的公共活动中心。栈道在此的回转大大地丰富了人们在村中行走的感受——狭窄的栈道已在身后，村子的东边景象尽收眼底。这里摆放了多个圆木供村民和游人休憩聊天，方便而实用（图3—27）。经常看到村民们一边蹲着吃午饭，一边关注着路过的邻里乡亲；茶余饭后也会聚在这里聊聊天，絮叨着王家长李家短。郁郁葱葱的古树下也是游人休憩的好地方，在古树斑驳的树影下回望来时路，抑或与村民聊上几句，听他们讲述这里原始而质朴的生活，好不惬意（图3—28）。

古树高大浓密，历风吹雨打，疤痕遍布；树荫斑斑，伴随着村落的成长，仿若村落的心脏，每一下跳动和呼吸都融入村落的脉搏中，永远是村民的守望（图3—29）。

图3—27 古树旁休憩

图3—28 古树边的眺望

图3—29 村民的守望

3. 山泉边

沿着古树旁的岔道向山上走，便来到了又一处景观节点——山泉边。这里有座泉眼是村民们生活用水的主要来源，旁边也生长一棵大树。山泉边是观赏整个村子的至高点，站在这里，你会对悬空村有更进一步的认识，刚刚一路上产生的所有疑惑都将在这里得到解答——曲折蜿蜒的栈道一直伸出山体之外，高低错落的屋顶沿着栈道蔓延开去，仿佛在这里不是营建了一个村庄，而只是通过一些参差错落的屋顶，丰富了这险山的肌理而已（图3–30）。

4. 打谷场

从山泉边下来，继续西行，景观再次变得狭窄而不可远视。栈道衔接山体的一侧被整齐排列的建筑封闭，限制了人们的视线；笔直的栈道也使得前方的景观单一而缺乏变化。直至村子西端的打谷场，视野才再次开阔，打谷的用具和构筑物形成了独特的景观（图3–31）。回头望去，整个村子的形态了然于胸。这里是村子的西部端头，在这里看到的悬空村，如同镶嵌在山间的世外桃源，多了一分清高和与世隔绝的神秘气息。

从村落入口处到村西打谷场，景观从山中孕育而出，形成了“收—分—收—分”的变化，被栈道巧妙连接，非但没有破坏这里自然生态的环境，反而使巍峨的群山多了一丝生机。

图3–30 山泉边俯瞰村落

图3–31 打谷场景观

五、空间感知

村落的形成和发展，一方面受环境的引导，另一方面又体现为居民对环境的适应、利用和改造，因此不仅要感知村落的物质空间，还应从历史、文化等方面去理解它。村落因村民的生活以及由此产生的文化而变得有意义，并可以被感知。

1.空间识别

所谓空间识别，是指人们感受空间的过程和方式以及由此带来的体验。例如，一个清晰的城市是具有可读性的，我们可以通过如地图、街道编号、路标、公共汽车站牌等辅助工具来认识和识别这个城市。一个完整的城市识别系统由道路、界面、区域、节点和标志物等组成，区域由节点组成，由界面限定范围，通过道路穿行连接，四处散落着一些标志物。这些要素重叠交织，形成城市的识别系统。

村落的空间识别与城市并不相同。在悬空村这样有机生长的空间环境中，村民好似有与生俱来的识别能力，能轻而易举地穿梭于各家院落，我们可以将这种能力称为生活经验。而在一个村落的形成过程中，村民最开始是没有经验的，这些经验的积累是由于自身有意或无意创造的识别体系，也就是说，人们在创造空间的同时，也在不自觉地被这种空间所引导。如果说栈道是先入为主的村落主线，那么散点状分布的建筑就是在这条主线穿引下而形成的项链。当路径和单体逐渐融合交织，并且不断地紧凑，便形成了村落，从而也就造就了独特的空间识别系统。

悬空村也存在最基本的定位系统，它主要由三个因素组成：路径、古树和构筑物。关于路径，村落自然地形成了三个层次的道路——栈道和上山道路、通往单体主要入口的道路以及深入住户的小径（图3—32），这三个层次的道路系统能很快地引导人们的方向：栈

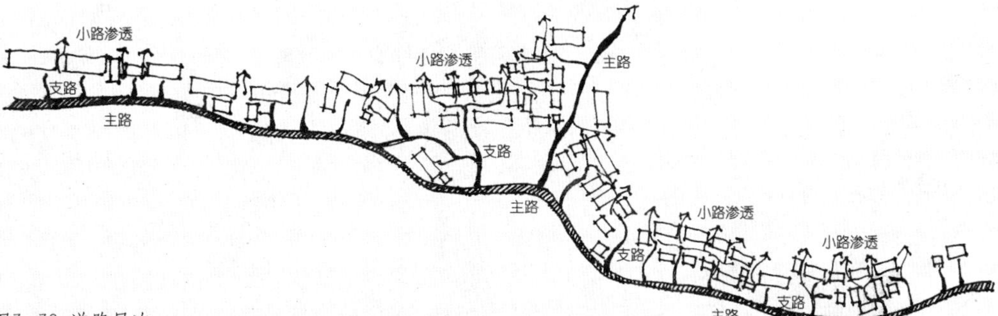

图3—32 道路层次

图3-33 特色构筑物

图3-34 建筑界面识别

图3-35 地势的抬高

道与中部的一条上山道路构成第一层级，这条“⊥”形路径的交汇处，也就是古树边，形成一个小型的集散场地；由这里向西的尽头有条小溪，向东的尽头是龙王庙，而向北的尽头是另一处泉眼，构成了清晰的基本识别系统——可谓“顺道可窥景”。古树是一个明显的识别标志，还有很多具有鲜明特征的构筑物可帮助人们识别，如圆木构筑的矮墙、路旁的稻草堆等（图3–33），行走在其中便会对村落有清晰的印象。

悬空村的栈道空间丰富多变，具有鲜明的特点，在这一点上，界面起到了重要的作用。村中的建筑和谐但不雷同，村民们创造性地运用本地盛产的石材和木材，经过精心设计，家家的建筑立面都具有特色，因此村落空间虽缺少城市中特定或具体的建筑形象，还是能通过不断变化的空间界面，强调识别性（图3–34）。

地形在识别中也发挥了重要的作用，渐渐增高的地势引导着人们由主路向支路渗透，不同的界面以及其抬高的趋势，让人明显地感受到方位的变化（图3–35）。我们询问某一个村民的家在何处时，通常会得到这样的答案“走上前面的那个坡，右边的就是……”

悬空村在发展和演变过程中形成了基本的空间识别体系，这种识别体系因环境和居民生活方式的不同而出现地域化和特殊化的特征，并在人与自然的磨合中不断丰富和完善。

2.空间印象

悬空村不仅在文化和历史氛围上打动着我们，其独特的空间特质同样让我们着迷。探究一个空间，判断其好坏，并不能简单地列出评价标准，对于悬空村这样的村落，我们可以通过比例、尺度、质感、韵律、形态、光影等来感受空间带来的愉悦。这种对空间的感受被称为“意象”，即对环境的一种理解。正如凯文·林奇所说：“意象性的概念并不意味着固定、有限、具体、整体或者是有秩序，尽管他有可能有时具备了这些特质；但也并不意味着清晰、显见、新奇或者平淡。”

影响空间印象的因素有很多，但又很模糊。村落空间的营造是人们尊重自然规律、注入生活和文化并不断改造的结果。从实际操作的角度来看，村落的营造是沿袭传统、利用物质资源、创造特质的过程。因而，村民在营造空间时，可能受到前人的启发甚至模仿；也可能受到物质环境的限制；或是基于物质环境的变化，融入了自身的情感。透过这样的空间我们也能看到村落的变迁和村民生活的轨迹。

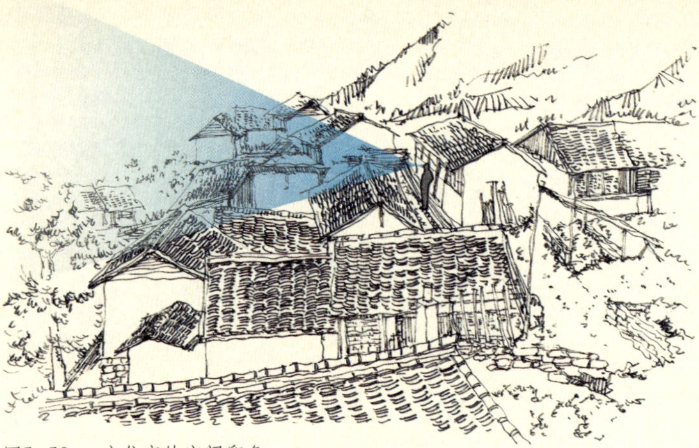

图3–36 一户住家的空间印象

有这样一户人家，粗糙的毛石砌墙，大块的岩石铺地，走出家门是一条狭窄的过道，一半被屋顶的挑檐覆盖，站在狭窄的过道上向前望去，脚下便是邻居屋顶。初秋时分，灰色的瓦片上稀疏地长着杂草，前面是雨雾缭绕的山坳，此情此景，别有一番意境（图3–36）。这种意境的产生并不完全靠空间本身，而更像是一种自我愉悦的精神过程。狭窄的过道并非有意为之，而是受到地形所限，但正是这种限制使得这条走道别具氛围，不能不说这种美是偶然中的必然。

图3–37 雨后的地面

这样隐居于世的村落的另一个独特的空间印象是界面的质感，这种质感体现在视觉和触觉两个方面。第一次走进悬空村可能无法适应她的地面，一阵细雨过后，土地愈发松软，沿路布满了人和牲畜的足迹，但细细品来却别有一番情趣（图3–37）。建筑立面带有很浓的乡土气息，体现了纯朴的自然之美。

人的感受是丰富的，我们无法限定人们审美的界限，也许四方围合的院落就是一种图形美；也许出挑的圆木就是一种形式美；也许曲曲折折的栈道就是一种视觉的享受。这里有太多让我们感受到美的地方，唯一可以确定的是村民在创造生活的同时也在感受生活，这种创造和感受给我们这样的来客很深的印象。或许，这就是审美的过程。

【第四章】

村落形态

CUNLUO XINGTAI

村落是一种物质空间载体，其形态发展是人们对空间进行利用和改造的结果。村落形态是村落物质空间的表现形式，是空间结构的主要体征，包含多重含义，它是村落所在地区的生活方式、意识形态、社会组织等多个方面的反映，并在环境的限定下，通过不断的人为修正逐渐合理化和生活化。

悬空村村落形态的形成和变迁就是一部人类聚居生活的发展史，表达了人们对有序生活空间的理解。这种空间的创造有对周围环境的适应和利用，也有文化心理的需求，而究其根本，是在一定的生产水平下人们对生活空间的理解和创造。村落形态在整体布局、院落形制、院落组合、街巷形态等多个方面都有所体现。

一、村落形态与周边环境

悬空村位于海拔2300多米的山腰上，其发展受自然条件的约束，从人们生活的便捷性和可实施性上，无论是水平发展，还是纵向延伸，都存在着不同程度的困难。

而悬空村经历多年演变和对自然环境的适应，发展出因地制宜的小聚落。村落形态受周边环境影响较大，虽面积不大，但体系较为完整，整体布局表现出对环境最佳的适应和利用。

悬空村的形态演变与周边环境的关联主要表现在建筑与山体的关系、道路空间的多样性以及空间的层次等几个方面。

1.山体的建筑

悬空村位于山腰，从自然采光的角度，建筑应坐北朝南，最大程度地接受阳光，但是村落中较少有正南正北的建筑，大部分建筑总体朝南但偏斜一定角度。

这表达了对自然环境的一种尊重和适应，融于自然的前提就是尽可能少地改变环境。悬空村的建筑普遍低矮，没有对山体造成破坏，村落的主要交通要道——栈道顺山势悬于山外，建筑平行于山体，形成一条连绵的长线。

院落中东西向的建筑多为储藏和牲畜用房，长宽比一般小于2:1，多数近似方形，因此这些垂直等高线的建筑并没有打断村落的整体走势（图4—1）。

建筑与山体密切关联，建筑营造除了考虑生活方式和文化习俗外，更多地注重与山体

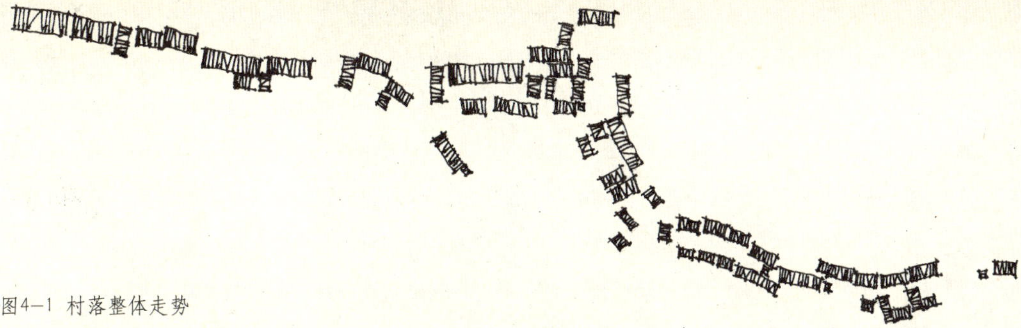

图4—1 村落整体走势

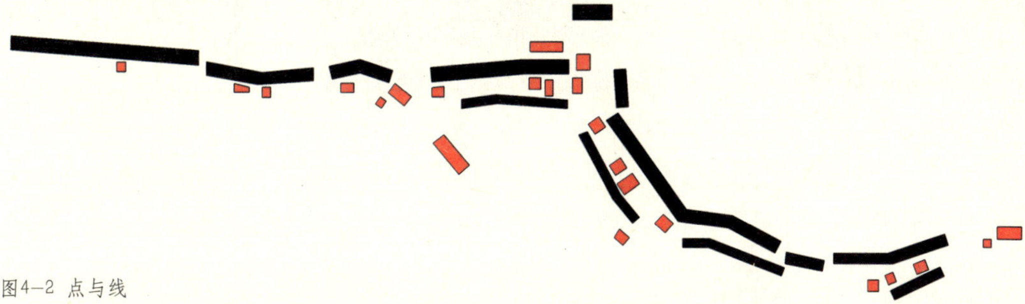

图4—2 点与线

的关系。村落整体顺应山体走势，形成了点与线的穿插（图4—2）。

图4—3 传统街道空间

2.道路的空间

悬空村的栈道贯穿村落东西，连通各家各户，它并不是一般印象中狭窄而幽深的村落街巷，也非城市道路的宽阔而整齐，而是保留了村落街巷丰富而多变的空间，并融入了独特的生长环境，带给人们耳目一新的体验（图4—3、图4—4）。道路作为由两个界面围合而成的空间，不仅满足了生活需要，还以其特有的空间环境，创造了新的外部景观。

图4-4 悬空村街道空间

不难看出，具有两个界面的道路所形成的街巷水平空间有限，但平面的收放和立面的变化丰富了空间内涵，使其可容纳多种活动。而悬空村的道路一侧是建筑，另一侧面向山坳，空间开敞，同样有着丰富的空间层次，满足村民一张一弛的生活需求。悬于山外的栈

图4-5 栈道空间

道延续了山体本身的空间感受，既有山间小径的幽静，又有街巷邻里的喧闹，使人感受到另一番生活情趣，一种从自然中生长出的聚落才有的空间体验。这里积淀的不仅仅是厚重的历史，更是饱含热情的生活（图4－5）。

3.空间的层次

悬空村对外部空间的有机组织，形成了独特的空间层次。村落依等高线布局，建筑错落有致，路径、场所和环境巧妙结合，创造出丰富的水平空间体系（图4－6）。在竖直方向上，依地形、视角的变化同样形成了丰富的空间体验（图4－7）。

悬空村内的建筑由于地形、材料和技术所限，基本为两层和一层。一层的建筑很少直

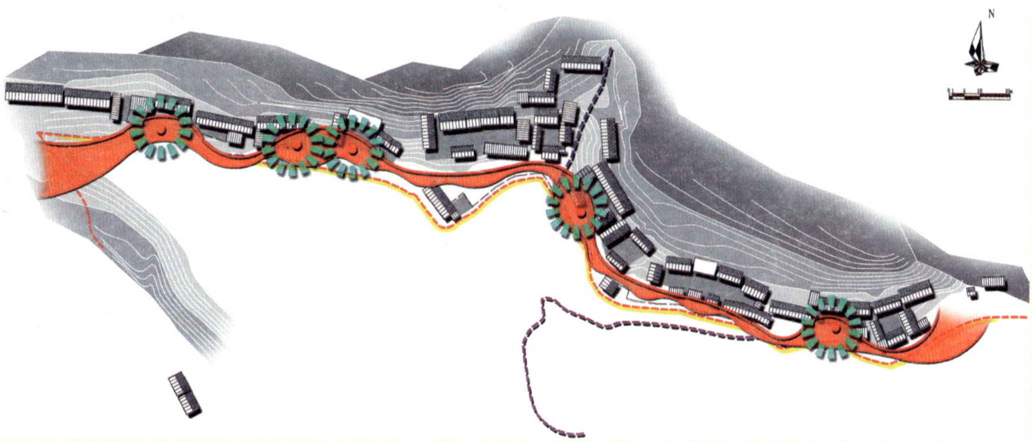

图4－6 丰富的水平空间

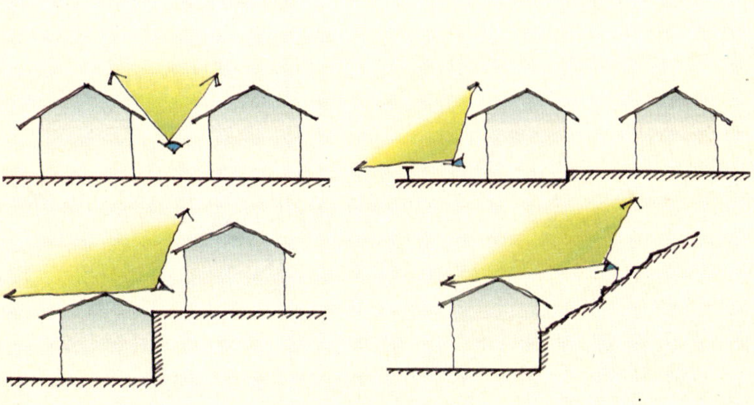

图4－7 竖向空间的视线变化

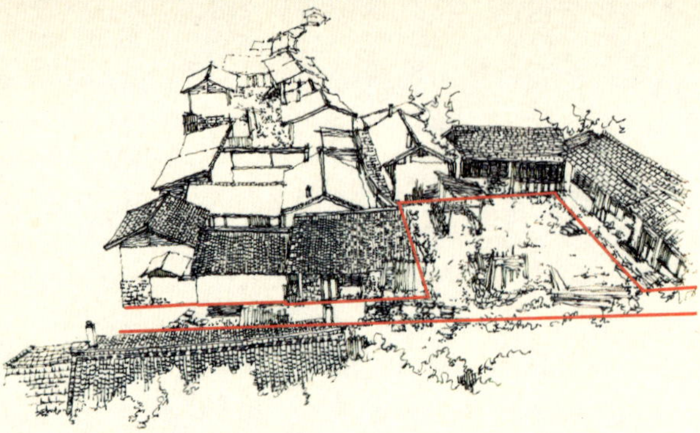

图4-8 道路节点的放大

图4-9 丰富的竖向空间

接沿街，一般位于院落内部，与东西向建筑形成围合；院落入口开敞，无形中改变了街道的条状空间，放大了道路节点，避免空间的单一（图4-8）。两层的建筑多沿街布置，常用上层悬挑形成灰空间，这恰好成为水平街道空间的必要补充，在某种程度上丰富了竖向空间（图4-9）。如此不仅丰富了空间层次，也记录下许多偶然的瞬间，将孩子的童年和村民的家长里短都留了下来，营造出富于归属感的邻里空间。

此外，栈道形成了又一个空间层次，它是水平空间和竖向空间的分界，一侧为建筑，另一侧是山坳。游走其上，疏密有致，既有传统街巷中邻里空间的感受，又有其没有的宽阔视野，给人耳目一新的感受。

独特的选址成就了悬空村与生俱来的空间环境，村落的有机生长塑造了水平、竖直空间的多样性。今天的悬空村呈现的不仅是自然的鬼斧神工，还有人类的智慧和创造力。

二、村落形态整体结构

所谓村落形态整体结构，是种种规律影响下形成的体系，并且是可以形式化的，具有整体性、转换性和自身调节性的特征。村落形态的整体结构是适应内部需求和保持与环境的平衡而不断转变，直至最后形成的相对稳定的关系。

1.形态特征

一般而言，村落是由点到面发展起来，随着交通系统的完善，道路作为线被引进来，组织成较为紧凑的结构体系，形成主要交通线和次要交通线，引导村落的发展。但由于选址的特殊性，悬空村并没有沿袭这种做法。

悬空村整体布局比较松散和随意，除栈道外，没有明确的道路，大多数道路由建造房屋后留下的空间自然形成。借用鲁迅的一句话：村子里本没有路，走的人多了，也就成了路。在悬空村的整体形态中，并没有传统的几何形道路和方格网空间，村落整体呈现一条带状结构，具有明确的方向性和较强的适应性（图4—10）。

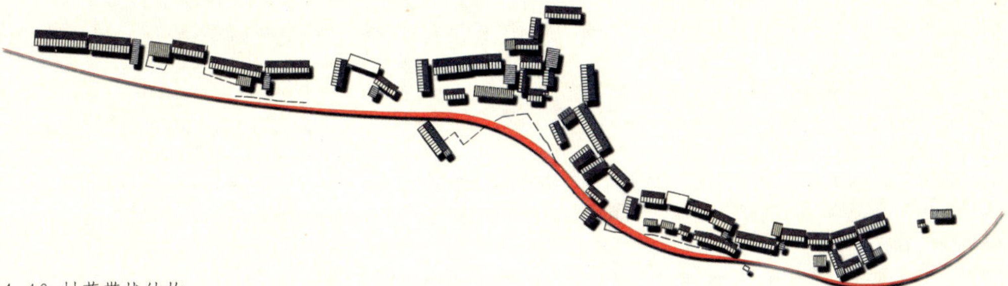

图4—10 村落带状结构

这种带状结构是经过长期的自然演变而形成的。在村落发展初期，由于人口数量少和物质资料不足，规模相对较小；随着人口和物质空间的增长和丰富，村落随之不断扩张。

悬空村身处山地，规模和发展受到限制，功能较为简单，只能满足最基本的生产生活所需。村内只有小型的寺庙，没有独立的商业、文化等空间，因此在发展中没有依循功能设施的拓展对村落形态进行修正，而是将利用频率较低的空间集约和重叠，根据风水理论试图对村子的形态进行一定的调整。

村落讲求形局完整，即强调村基的形态和情势。所谓村基就是村落所在的基地，悬空村选址于四面围合的山脉之中，居住环境理想，有较强的领域感，可谓村基坚实、跌宕起伏。古人认为：山是气之源，山的形势与气的关系密切。悬空村落发展初期只在水源丰富的北侧山脉进行建设，形成带型区域，而南侧山脉没有开发利用，村落并没有形成围合形式；基于此种格局，南侧山脉逐步设置打谷场和部分居住建筑，使村落与整个山脉形态相匹配并形成围合感，同时满足了风水上的瑞气凝聚和人们保瑞避邪的心理需求（图4—11）。

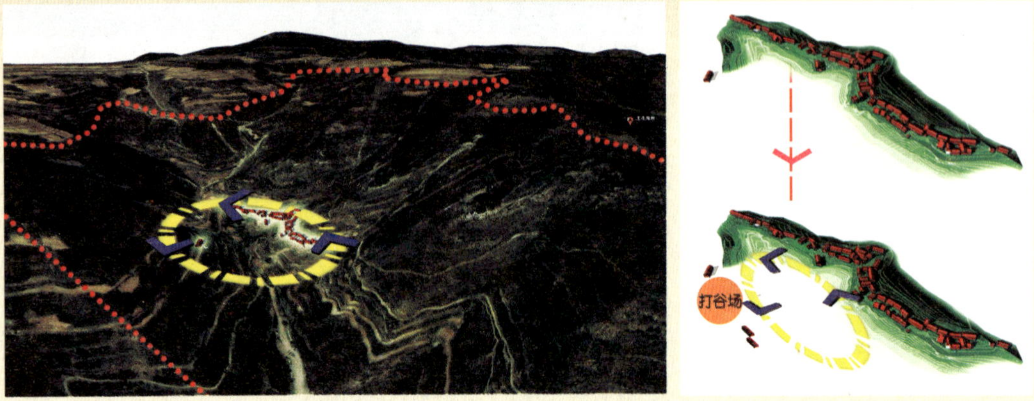

图4-11 村落的围合

另一方面，南侧的缺口是整个盆型区域与外界沟通的主要通道，丰富了村落南侧形态，也使得村落西侧的缺口得到相对围合，体现了风水理论中的“聚气”理论。

2.空间秩序

一个完善的村落有很多种空间形式，社会关联和人际交往将各种空间形式不断协调，便形成了一定的空间秩序。空间秩序的产生是从无序到有序的过程，而促成这一进程的因素是多方面的，对于悬空村这样有机生长的村落，应是主观意识驱动客观物质空间发展的结果。所谓主观意识，即是村民在生产生活过程中不断总结完善而形成的种种经验。

悬空村是典型的因环境限制规模、同时也是因环境限制空间布局的村落，我们能发现许多自发性的活动空间，这种空间由人们自愿参与的活动衍生出来，形式灵活，如路边的圆木（图4-12）和路口的石板（用以休憩聊天）、檐下出挑空间（可以遮风避雨）、家门口的台阶（用以聊天、编麻袋等手工劳作）等等。

村落的自发性活动空间较多，由于农业劳作并不繁重，农闲时间较多，自发性活动空间不仅提供了村民休息聊天的场所，同时为手工业和加工农产品提供场地；另一方面，由于村子规模较小，没有集中的广场，所以自发性空间灵活地分散到院落门前、悬挑的灰空间下等各个角落（图4-13）。

必要性的活动空间主要是指用于生活生产的必要场所，如村西部打谷场、三处泉眼以及梯田等。同时，必要性活动空间和社会性活动空间互相穿插，并根据功能划分区块。村子中的建筑都集中在必要性活动空间周边，三个泉眼的连线基本界定了村落的范围。农田主要采用山坡梯田的方式，对村落本身的空间影响较小。

村中没有集中的公共活动空间，惟一一座庙宇——龙王庙也受限于村子的规模，与必要性活动空间重叠——建在泉眼之上，兼做饮水和祭祀龙王之用，功能互补。

悬空村并没有明显的公共空间，也没有真正意义上的广场，这不外乎两个原因：首先，依山而建使得村中较为平坦的空地都用来建造房屋，仅有的两处较为开敞的空间位于村子的东西两端，做养羊和打谷之用，也用来满足最基本的生产生活需求。其次，悬空村人口并不多，每家的院落都面向群山碧野，风景优美，聚集、聊天可以在自家院落内进行；自给自足的生活模式也不需要大规模的商业交换活动，因此对广场的需求并不十分迫切。建造环境的不允许与日常生活的不需要，是悬空村没有形成公共空间的主要原因。

图4-12 路边的圆木

虽然没有一般意义上的公共空间，村中还是有着属于自己的独特交流场所。村中部的古树下就是一个人们可以聚集的空间。这里

图4-13 自发性活动空间

图4-14 古树旁的公共空间

并不是一片很平坦的开敞地，也没有标志性很强的建筑或构筑物，树下堆放的几根长木就构成了村民们的交流场所（图4-14）。除此之外，屋檐下、栈道旁几块看似随意堆砌的条石等形成的空间也是村民聊天的好去处。悬空村小规模、少平地的特点，使这里形成了“无处不聚集”的特殊交流模式，也使得每个可以停留的场所都成了村子的公共空间（图4-15）。

悬空村的栈道在空间塑造上起到了独特的作用。作为联系村子的纽带，栈道在垂直方向上将农田与村落分开，使两者在空间上互不干扰，而在视觉上却相互联系；同时为村民提供沟通的平台，成为村子里独具特色的空间。

如此我们可知，悬空村的空间自下而上产生和发展，栈道将自发性活动空间、必要性活动空间和社会性活动空间等联系整合起来，一并形成了基于实用和生活的空间秩序。

图4-15 随处可见的公共空间

【第五章】

建筑与院落

JIANZHUYU YUANLUO

一、单体建筑

悬空村的建筑在材料、结构形式、功能布局上均十分类似，这主要是因为村落特殊的选址在很大程度上限制了建造方式，加之房屋规模小、建筑密度大、生活方式较原始，形成了这种就地取材、简易巧妙、力求坚固的营造方式。

1.建造材料

悬空村建在深山的悬崖峭壁之上，交通不便，大量从山外运输建造材料是不现实的，所以房屋建造就地取材，选用了山区最为常见的木和石。

木材方面，管涔山麓的原始次生林给悬空村提供了建筑营造的绝好用材——华北落叶松和云杉（图5–1）。

图5–1 华北落叶松（下）和云杉（上）

华北落叶松属落叶乔木，高大径粗，树干端直、节少，材质坚韧，但心材与边材区别显著，结构略粗，纹理直，是松科植物中耐腐性强、顺纹抗拉抗压强度较高的木材，主要用于支撑结构的建造。悬空村的建筑的规模不大，平面形式简单，加之空间跨度小，选用坚硬且抗拉抗压能力相对较好的华北落叶松作为梁柱等主体结构，既安全又经济。

云杉则常用于门窗等小木构件上。云杉为松科云杉属，属于针叶树的一类，树干高大通直，节少，材质略轻柔，纹理直、均匀，通常有线条分明的年轮。结构细致，易加工，具有良好的共鸣性能。笔直的窗框，细致的窗花，恰好与云杉的木质特征相符合，因此大量被用作门窗的建造。

石材也是一种方便获取的建筑材料，并且有着很好的强度（图5–2），但由于建造方式与加工手段都很原始，无法完成对石材的精密加工，加之石材本身自重大，做主要承重构件会对基础产生过大压力，因此石材并没有用作建筑主要的承重构件，即使门窗过梁也很少使用，而只是经过粗加工，用作简单的围护结构（图5–3）。

图5-2 山上的石头

图5-3 石材形成的围护结构

在雨多雾浓的深山中，选择石材作为围护结构，相当于为建筑加了一层密实的外衣，阻隔了室外的潮气，保护了室内的设施和人们正常的生活。石材外有时用砂浆抹面，有时直接裸露，形成特殊的肌理和丰富的外墙效果。

图5-4 砂土做围护材料

在石材的粘结和表面抹灰时，村民们利用了另一种山区常见的资源——砂土。悬空村周边的砂土黏性较大，加水和秸秆的碎屑混合，便形成一种既有黏性又有韧性的黏结砂浆，可将石材牢固地粘结在一起，并填补了石材之间的空隙，起到防风保温的作用；也可以抹在石材或木材的外表面，形成平整的面层，一举多得（图5-4）。

2.建筑营建

1）结构框架

悬空村的建筑以木材作为主要的支撑，柱、梁、檩形成主体框架结构，辅以穿枋、斗枋将柱子串联，形成整体结构框架（图5-5）。

建筑的建造虽简单却反映了建造的本质——利用简单稳固的方式建造可用的空间。首先，根据使用需要和屋顶形式确定柱子的排列方式和高低关系。村中居住建筑以单

图5-5 建筑支撑结构

图5-6 单坡屋面

跨为主，较大的空间会用到两跨。两跨的房子会用穿枋把柱子串联起来，形成一榀榀的屋架，再沿开间方向用檩条将柱子串联起来。水平搁置的檩条主要受到拉力，属于木材的不利承重方式，因此檩条的用材是较粗的，然后在檩条上铺置椽子，这样房屋主体结构就基本搭建完成了（图5-6～图5-8）。充分合理使用了材料，使房屋坚固耐用。

图5-7 双坡屋面

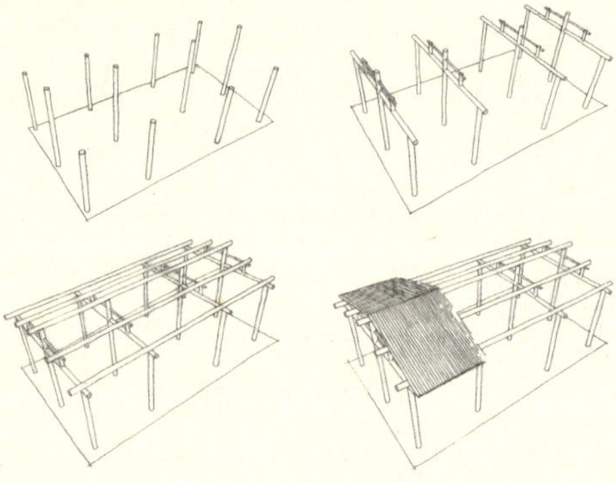
图5-8 建筑搭建示意

2）围护结构

有了结构框架，接下来要解决的是四面围合的问题。悬空村建筑有着程式化的立面，分为三个层次：最下是石板堆砌的墙基；其上是窗户或者其他形式的围护，用以采光和通风；最上是单坡或双坡屋顶。这种程式化的立面，反映出北方山地建筑的特点，营造出一个和谐的村落环境（图5-9、图5-10）。

每个层次的立面构图和肌理都突出了材料本身的特点。石材围护是将山上采下的大块石头简单加工成合适的大小和形状，由砂土和秸秆的混合浆砌筑而成。形状方整的大石

图5-9 悬空村典型建筑立面

图5-10 悬空村建筑立面的一般构成

块形成主要支撑，细小的石料或穿插其中，起到加固作用；或用在较厚墙壁的内外两层大石块之间，起到填充作用。石材大小不一，有时平砌，有时斜向45°砌筑，上下两侧砌体相互垂直，保证了结构的稳定，且形成粗犷富有韵律的肌理（图5-11）；石材上的抹灰用的是当地的砂土，也形成整齐而稍有变化的肌理（图5-12）；有些单坡建筑或建筑的上层墙面会采用细木的“编织”——垂直方向的木条在上、中、下三根横木间穿梭，形成织物般的竖向肌理，枝条编织创造的丰富光影、镂空中洒下的点点阳光，为建筑增添了几分随性，产生一种耐人寻味的趣味和美感（图5-13）。立面的材料和构造虽然简单，

图5—11 石材形成的肌理

图5—12抹灰形成的肌理

图5—13 细木形成的肌理

却形成了丰富的层次和质感。

门窗多用云杉木制成，构图简单，没有过多的雕饰，美观大方，实用性很强（图5—14）。

石、木、砂土的巧妙使用使建筑立面色彩分明，富于变化，与山林融为一体，仿佛它们并不是建造于此，而是生长于此（图5—15）。

3）细部构造

悬空村的建筑建造中有很多巧妙的细部构造，匠心处处可见。

木构件的搭接多采用简单的榫卯。榫卯结构坚固耐用，可以承受构件之间各个方向的扭动，做好防虫防潮可使木构架保存上千年，这对于易于锈蚀的钉子来说是很难做到的；榫卯结构还有着易于拆装，便于运输、维修和避免木结构开裂等优点。

图5-14 悬空村的门窗

图5-15 生长在山中的建筑

因此，在多雨多雾的山区选用榫卯作为木材的搭接方式，乃是上上之选（图5-16、5-17）。

还有些更为简单的构造。利用树干本身的分叉形成天然的支撑结构，既充分利用

图5-16 木材榫卯搭接

图5-17 木材榫卯搭接示意

5-18 枝杈的支撑

了木料，又省去了加工的步骤，原始实用、一举多得（图5-18）。

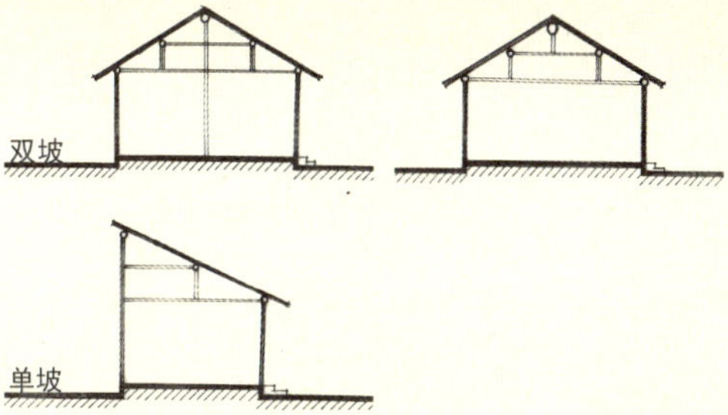

图5-19 屋顶形式

3.建筑形式

悬空村的建筑依据屋顶形式，可分为单坡屋面和双坡屋面两种（图5-19）。其中用于居住的建筑均为双坡屋面，且由于进深较大，多数在进深中央还设一排中柱。院落南部的“倒座”亦多为双坡屋面，而东西厢房既有单坡也有双坡，多作储藏和圈养牲畜之用。

由于悬空村所处的地形，还产生了一种独特的“内外两用”的干阑式建筑，被当地人们形象地称为“接崖楼”。

所谓的“接崖楼”，是指建在栈道和山体连接处，利用了栈道和院子的高差，内外均可使用的一种建筑形式。“接崖楼”在栈道的标高上朝向栈道开门，形成底层空间；在院子的标高上则朝向院内开门，形成上层空间，这样的一栋建筑上下两层相对独立，且均有对外出入口，既适应了地形，又满足了使用要求（图5-20、5-21）。

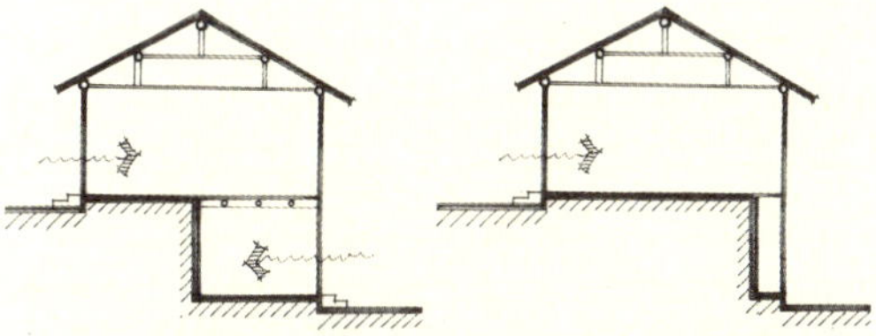
图5-20 接崖楼示意

图5-21 接崖楼

4.室内布置

悬空村民居的室内布置较为统一。正房多为三开间，起居室占据两个开间，布置有火炕、灶台和桌柜等（图5-22）。房门位于当心间，开门正对的通常是一张规模不小的柜子，上方悬挂着全家福等照片，记录着这个家的历史（图5-23）。踏进门，便会感受到旁边传来的丝丝热气，没错，这就是一张巨大的火炕，横贯屋子南北，占据大约一个开间的面积。火炕与门的夹角处是一个小的灶台（图5-24），这便是“厨房”了。灶台连着火炕，热源可相互借用；吃饭也是在炕上，是名副其实的“煴火其下，饮食起居其上”，炕的对面通常会有一张小一点的桌子，门的左边也会放一个小柜，作储藏之用。另外一个开间则是间小卧室，是晚辈居住的地方，现在则因为年轻人的进城而多废弃不用。炕通常贴着南墙布置，采光良

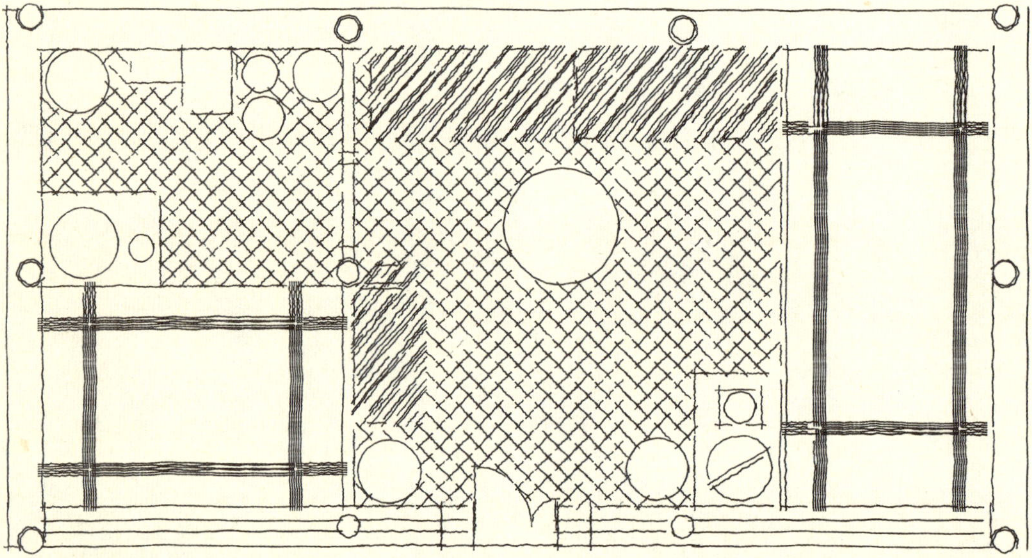

图5-22 悬空村典型民居室内布置

图5-23 柜子上方的画框

图5-24 灶台

好，北侧也有一个火炉，再往北则是用来储物或堆放杂物的空间。这些陈设构成了一个基本的居住单位，满足日常需求，可谓简约而不简单（图5-25）。

(a) 起居室

(b) 卧室

图5-25 民居室内

5.实例

1) 龙王庙

龙王庙位于村东口，旁边是羊圈，再往东去就到了村落的尽头。路旁栽种着郁郁葱葱的白桦，风吹树叶哗哗作响，阳光下树影斑驳，形成大自然的优美乐章（图5—26）。

龙王庙是村中现存唯一完好的寺庙建筑，也是一处水源所在地。村民们介绍，龙王庙是近年修葺的，庙建于泉眼之上，表达了村民们对于龙王的敬畏之情和对风调雨顺的企盼，每到大年初二，村民们都会来此拜祭龙王，以求来年风调雨顺。随着时代的变迁，现在的祭神活动已摒弃了以往的神秘和封建，更多体现的是对神的尊重和敬仰。

龙王庙规模并不大，里面仅能容一人打水（图5—27），没有多余的空间，这在寸土

图5-26 村东口龙王庙

寸金的悬空村也是可以理解的。泉眼周围土质疏松，不适宜深挖地基，因此建筑主体结构落在几块大石台基上，周围红砖围合。屋面坡度较大，上铺青瓦，瓦当、滴水的装饰传统精致，清晰可见（图5-28）。

龙王庙北部山上建有山神庙（图5-29）和五道庙（图5-30）。虽只剩残垣断壁，但仍能体会从前人们进拜祈福的虔诚和对美好生活的向往。

龙王庙、山神庙和五道庙均是单一的一座小庙，身处山腰或山脚，造型小巧精致，表达了村民对氤氲驻足和平安幸福的企盼。

图5-27 龙王庙中取水

图5-28 龙王庙立面及细部

图5-29 山神庙

图5-30 五道庙

2）栈道

栈道是架在山崖上的木桥，始建于唐代。当时人们为了连通清真山“九峰一山”的各悬空古刹，利用地形架设栈道，将半山腰的寺庙联系起来。悬空栈道原有21公里，曾是无数虔诚的信徒前往寺庙拜佛的必经之路，但如今完整的栈道已很少了。悬空村的栈道是整个悬空栈道中的一段，长400多米，在村落发展的过程中，成为居民聚集在一起的物质因素

图5–31 悬空村的栈道

和精神力量，它为人们提供了交流的场所和与外界联系的通道，以及一种代代相传的生活方式（图5–31）。伴随着悬空村的产生和发展，栈道被赋予了更多的意义，它不仅仅是通往佛门圣地的神圣之路，也是由封闭通向开放的路。

此外，悬空栈道对村落起到一定的围护作用。在村落发展的过程中，这样的布局一定程度上起到了防御作用，同时也造就了悬空村独特的风景画卷，满足了审美需求，营造了浓郁的乡村生活氛围（图5–32）。

栈道就地取材，选用当地资源丰富的华北落叶松，每一根木头都是在周边森林精心挑选后砍伐。建造时，首先要在天然石壁上垂直打入木桩，木桩并不是等距离排列，而是随着山势的蜿蜒而有疏密的变化，一方面是要选择坚硬程度适度的岩石打桩，另一方面在转折处也要考虑加强支撑以保证强度。然后在木桩上方平行于山体架起支撑的“梁”，梁的选材通常用较为笔直的长树干，树干与树干在木桩上衔接。有些地方为了加强稳定性，有内外两排木桩，内侧的木桩直接支撑由山体垂直伸出的“次梁”，起到加固作用。再在梁上架起一排排整齐的圆木，便是栈道的表面了。这种方式建造的栈道，看似险峻实则相当坚固。

图5-32 雨后的栈道

由于山区潮湿，经常下雨起雾，对木头的腐蚀相当厉害，悬空村的栈道每隔几年就要整修和更换一次。据我们了解，栈道的建造方式也是在不断演化的。最初栈道表面的圆木是平行于悬崖铺设的，但这样建出来的栈道并不稳定；随着经验的积累，近几年来，村民把平铺改成垂直于山体铺设，这样圆木一头插入山体，另一头悬空架设，在下部由木桩上的横梁形成坚固的支撑点，加强了栈道的稳定性。悬挑的一面在安全的尺度下可向外延伸，使栈道空间变大，从而更好地满足村民生产生活的需要。栈道维修中还加设了护栏，有利于村民和牲畜的出行安全。护栏以榫卯的方式固定在平铺的圆木上，配以铁件的“捆绑”，稳定性大大增强。栏杆是细的枝杈构成，自然地生长在这片深山之中。栈道的建造，就是以最简约但坚固的方式，搭造可供通行的场所的过程，同时，也在经验累积的过程中不断优化（图5-33、5-34）。

磨得发亮、悠远曲折的栈道见证了悬空村在那些已如流水般逝去的岁月中发生的一切，那些我们很怕错过的历史片段仿佛已经随着每一根木头的年轮越转越深，等着我们去聆听它们的故事……

图5—33 栈道的搭建

图5—34 栈道的构造

二、院落组织

乍一看，悬空村的院落形态具有比较大的随意性，这与建造环境是分不开的，顺应山势建造的特点使村中很难有整齐划一的院落。不过仔细看来，会发现院落的组织还是有规律可循的，看似随机产生的院落有着较为固定的模式（图5—35）。悬空村的院落大多是简单的合院，入口通常位于东南角，有参差不齐的石板搭成的石阶。登上石阶，便看到基本为坐北朝南的正房。正房是主要的居住场所，规模通常是合院中最大的，进深在5米左右，面宽8～20米不等。正房左右是东西厢房，规模相对较小，通常面宽10米左右。从前村内人丁兴旺时，厢房为子女成家后居住，现在由于青壮年大多外出谋生，所以厢房基本已无人居住，而作储藏和饲养牲畜之用。入口处倒座多为两层，但规模不敌正房，常用作储藏或饲养牲畜，倒座外侧与栈道相邻，有时会采用接崖楼的形式。

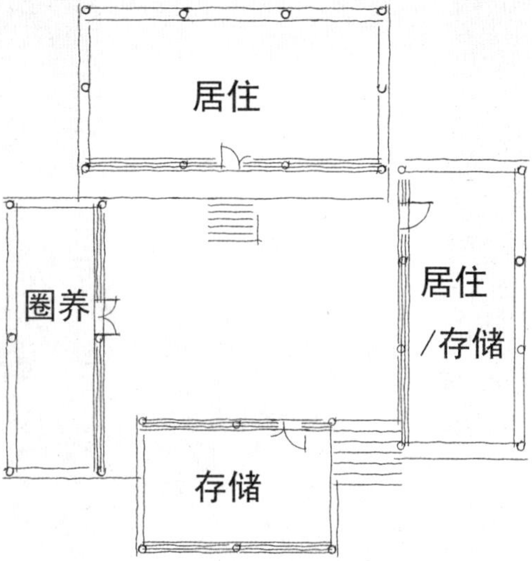

图5—35 悬空村院落基本构成

院子规模不等，长度取决于正房的面宽，进深受地形所限一般为6～8米左右，有些院落较宽，便会在院中划分出一部分种一些花草或蔬菜，有时也在院子的角落搭建厕所。

几乎每一个院落都高出栈道1～2米，因此院门前的石阶是必不可少的。院落内部顺应山势，南低北高，正房高于其他建筑。将正房建在北侧最高处，不仅可以显出正房的地位，同时在雨多雾浓的深山里，也可以避免雨水倒流进室内。站在院子中间四处环顾，更靠近山体的正房如顺应山势向上生长，依山而建的院落并没有破坏山体本身的生长态势，反而强化了这种向上的感觉，人们虽脚踏院中平地，却不忘身在半山腰。村中几乎所有的院落都是这种北高南低的布局，有些院落正房的地面甚至与其南侧建筑的屋顶在同一水平线上，走出屋门就是前面房间的屋顶（图5—36）。

厕所大多设在院子里，多数仅用石头围砌成半人高（图5—37）。村中还有几处公共厕所，它们原本就是公用，还是本是某家私用，但由于诸多因素久而久之有了公用的属性，我们不得而知。公用厕所的位置很多起到了围合空间的作用，为村落形态的完整作了很大贡献（图5—38）。

栈道与院落间的高差无形中分割了公共空间与私密空间，使各家的院落产生很强的领域感。但院落空间并不封闭，而是保持着与环境的渗透。村中很多院落入口处都没有门，可直接进出，仅用构筑物标明入口的位置（图5—39）。并且由于北面的正房通常高出其他建筑，在栈道上就可以看到正房，也增强了院落的亲切感。身处院落内部，视野却并未受

图5-36 走出屋门就能看见前面房间屋顶

图5-38 路边的厕所

图5-37 院子里的厕所

图5-39 院落的入口

图5-40 院落编号

到周围建筑的遮挡，群山环抱、绿荫葱葱的景象尽收眼底，仿佛整片林海就是自家的后花园。由此可见，依山而建的特殊建造环境，使得村内的院落虽有围合之势，却处处与外界相互渗透，融于深山之中。

悬空村比较有组织的院落共有六个，它们虽然都是基于同一个模式建造，但也由于种种原因而最终形式有所不同（图5-40）。

1.规模适中，形式规范——“B”、“F”号院落

“B”、“F”号院落是典型的四合院。其中，“B”号院落是保存较为完好，也是人丁较为兴旺的一个院落。院落选址有利、规模适中、形制严整，是悬空村院落的典型代表。

“B”号院落选址接近村中部的水源，因此周边居住的村民较多，加之栈道轻微的回转形成的一小片开阔地，使这里成为村中最为热闹的地方（图5-41）。院落就位于栈道转弯形成的空地北侧，南低北高，四间房屋围合形成的空间较为方正规整（图5-42）。入口设

图5-41 “B”号院落外观

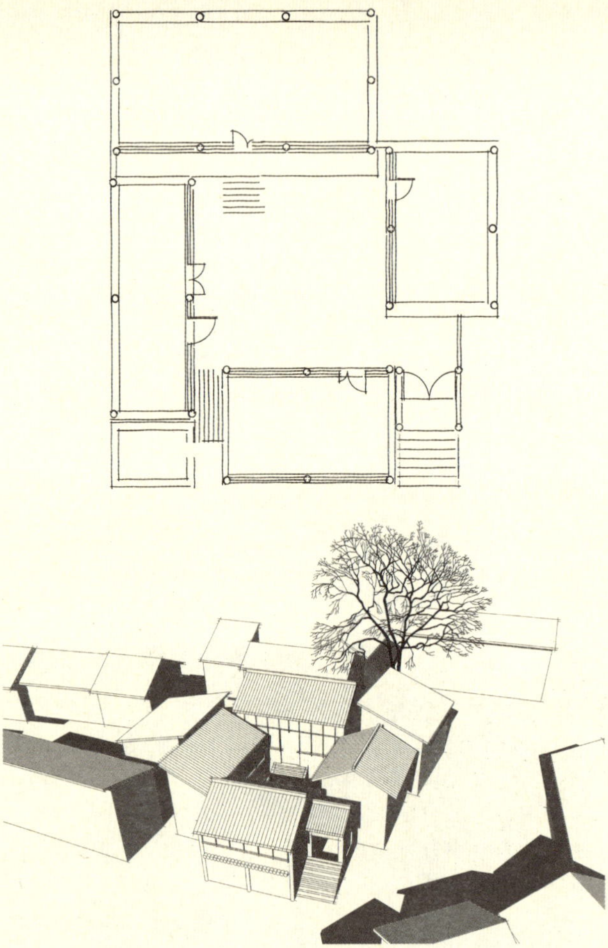

图5-42 “B” 号院落平面及轴测

图5-43 “B” 号院落门楼

有门楼（图5-43），高出栈道0.5米左右，石阶已有些残破。从院落所在的位置、规整的形制、建筑保存相对完好且建造讲究、设有门楼这几点来看，我们可以推断这座院子的主人应是村里比较有实力的一家。

踏入门楼向左，映入眼帘的便是院内北侧的正房（图5-44）。正房处于院子内较高的位置，进入时要经过一段石阶，很好地突出了它的地位。正房的门窗已更换成新的，少了那么一点本该属于这个百年老宅的韵味，不过看看门前悬挂着的将屋檐滴落的雨水引流下来的木槽，我们还是会感慨前人的智慧，质朴而精湛。东厢房还较好地保存着原貌，从前

图5-44 “B”号院落正房

图5-45 “B”号院落东厢房

图5-46 “B”号院落西厢房

图5-47 “B”号院落南侧储藏用房

用作居住，现在堆放着杂物（图5-45）。西厢房是唯一一座单坡的建筑，等级相对较低，用作储藏或饲养牲畜，现作羊圈（图5-46）。南侧的房子现作储藏之用（图5-47）。虽然整个院子的规模并不很大，不过由于轮廓方正规整，使得内院可以得到较好的利用。

2.形如“凹”字，便于衔接——“D”号院落

“D”号院落为三合院，由北、西、南三面的建筑围合而成，而缺少了东侧的房子。这可能是由于选址造成的，山坡上相对平坦的部分并不足以安置一个完整的“四合院”，所以人们就对合院的形式加以改造，舍弃了东侧的建筑，形成了这种“凹”字形合院，也正是由于这个原因，这种“凹”字形院落的规模不是很大（图5-48、图5-49）。

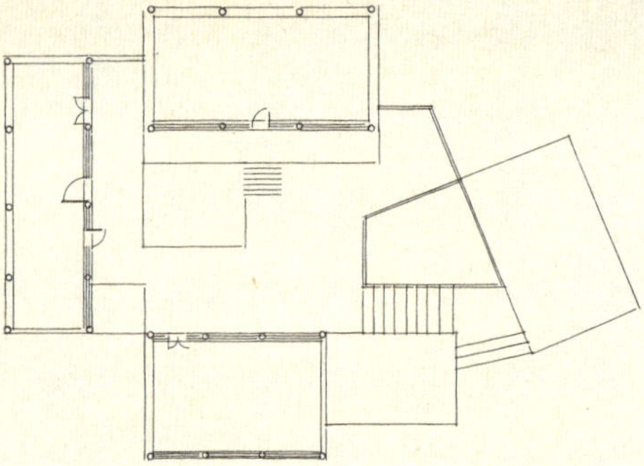

图5-48 “D”号院落平面

图5-49 “D”号院落轴测

图5-50 “D”号院落东侧的围合

图5-51 “D”号院落西侧

虽然院子少了东厢房，但并没有破坏院落的围合感，“凹”字形的院落与其东侧院落的西厢房形成了完整的围合（图5-50）。院落的形态顺应了环境，同时也创造出居住空间的领域感和安全感（图5-51）。

村中所有的“凹”字形院落都没有东侧的厢房，我们可以推测村落的生长和组织很可能是由东向西逐渐展开的。而且纵观整个村子，村东侧的院落较为紧凑、严整且建造考究，到了西侧就变得较为松散而没有体系了，建造也稍显随意。由此我们或可推断村落是由东向西逐渐生长组织的：人们最初在村落东侧定居，由于人口增加，居住空间显得拮据而逐渐向西发展建设。

总体而言，悬空村位于山地，缺少平整的基地，便产生了这种没有东厢房的三合院。这种院落却更便于衔接，与左右两侧的院落组合形成具有围合感的空间。

图5—52 “E”号院落的围合

3.横向拉伸，扩大内院——“A”、“C”、“E”号院落

“A”、“C”、“E”号院落的特点是北侧正房不只一幢，少则两幢，多的可以达四五幢，院子较长，长宽比可达1.5：1～2.5：1，围合感大大减弱（图5—52）。这样的院落常居住着几户人家，几间正房并排建造，独门独户的领域感和私密性也消失了，为何村民要采用这样的布局形式，形成这种几户共用一个院子的生活方式呢？答案同样离不开悬空村依山而建的特殊选址因素。搭建于半山腰的村落，想要找出一块平整的开阔地是很不容易的，尤其是在建了房屋后，再能留出一个可供活动的内院就更加困难了。正因为整块的平地比较难得，多数院落顺应等高线呈南北短、东西长的长条状布局，而由此产生的内院的空间很小，只能用作交通空间，停留休息都会稍显局促，更不用说种花种菜、休闲娱乐了。正因为这样，牺牲自家院落的围合感和私密性，几家合用一个院落，化零为整增加内院的面积，也不失为一个不错的选择。这样一来，院落空间可不只作为交通空间，如“A”号院落的半边内院被隔开来，形成一个规模颇大的羊圈；“E”号院内堆放有木薪（图5—53），还种了一些平时食用的蔬菜（图5—54），有效地增强了内院的使用功能（图5—55、图5—56）。

这种几户合用的大院落布局可谓“有得有失”，增大内院使用空间的同时破坏了院落的围合感和私密性。不过这种形式的院落对整个村子的形态和走向作出了很大贡献，增强了村落的整体感和东西向的延伸感，使整个村落更好地与环境融为一体。

图5—53 “E” 号院内堆积的木薪

图5—54 “E” 号院内种植作物

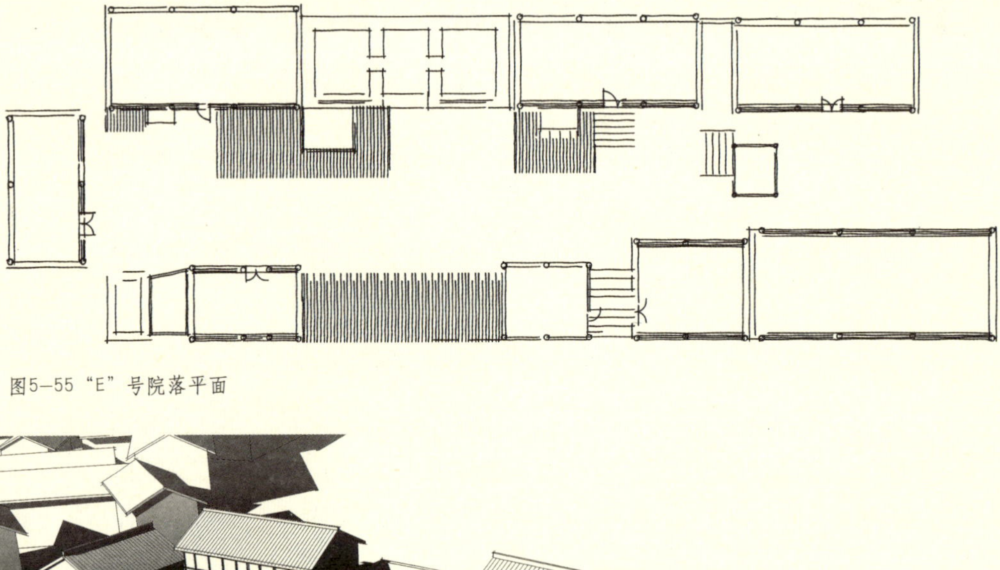
图5—55 “E” 号院落平面

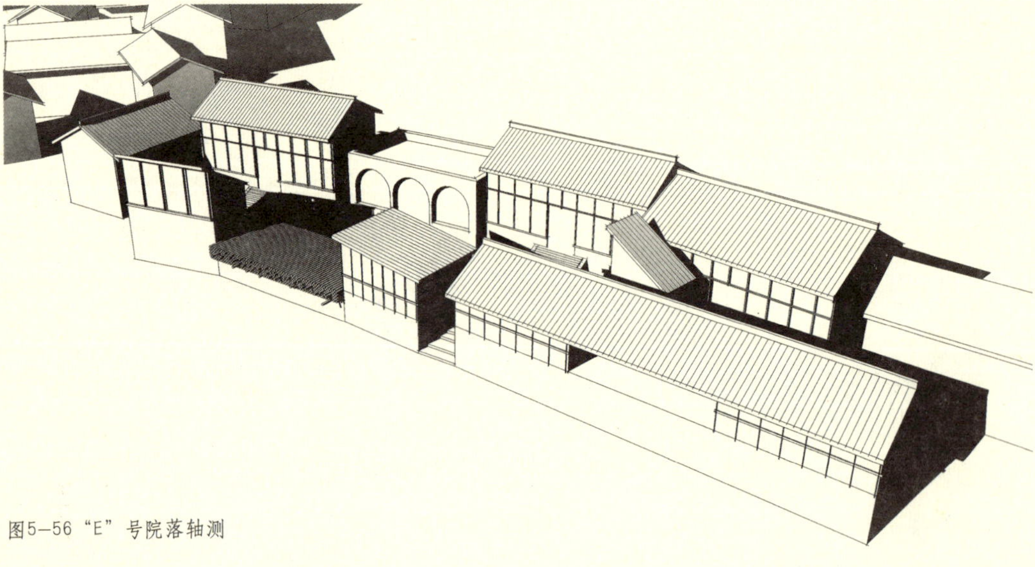
图5—56 “E” 号院落轴测

【第六章】

周边环境

ZHOUBIAN HUANJING

神秘而古朴的悬空村吸引了众多造访者，而悬空村并不是这条探索之旅的终点，周边的环境与村落有着千丝万缕的联系，同样有着令人着迷的气质，等待着人们探寻其中的奥秘。

一、一脉相承——悬崖古栈道

悬崖古栈道曾是连接“九峰一山”的壮观而漫长的山间通途，但如今大部分已毁坏废弃，很难再现栈道古刹相依相存的盛事。涔山乡张家崖村之西还保存有较为完整的一段栈道，与悬空村的栈道一脉相承，可略窥当年胜景。

现在这段悬崖古栈道的入口处位于山下新建的普应寺山门处，跨过山门，背后400多米高的峰峦翘首屹立，酷似凤凰展翅，翔凤山由此得名。经林间小道拾阶而上，跨过一湾清溪，有二百零八级台阶直通悬崖栈道之下。登上台阶，到悬崖间的一座六角凉亭稍作休息，

图6–1 险峻的登山路

图6–2 观音殿

图6-3 观音殿石碑

图6-4 毗卢殿

再过一条由木梯、石阶和防护铁索组成的险峻的台阶，便来到悬崖古栈道之上（图6–1）。

栈道右手边是近年来修复的观音殿（图6–2）。殿宇依崖而建，巧妙地利用崖上的天然石洞，在空间有限的悬崖半腰建成面阔9米、进深10米的大殿，内塑十八罗汉朝观音。殿旁存有清道光年间重修此殿的石碑（图6–3），大略记载了这座佛寺昔日的辉煌。

从观音殿出来，栈道时而悬于山外，时而在山洞中钻过。沿栈道向前，转过一处险地，钻过一个山洞，便是建在悬崖山洞中的又一座大殿——毗卢殿（图6–4）。毗卢殿坐北面南，歇山顶，面阔3间，进深约10米。

由毗卢殿向东，栈道时而狭窄，仅可容一人侧身通过，时而略显宽

图6–5 沿山栈道

图6–6 栈道上的石洞

图6–7 悬崖古栈道

平，这段栈道长千余米，除沿山而行之外（图6–5），尚有大小石洞共56个，其中大部分是栈道内侧石壁凹进去的明洞，也有些是栈道穿行的过洞。凹洞大小高低各不相同，大的可做修行之所，小的尚需弯腰缓行（图6–6）。沿途著名的石洞有揽月洞（后称日月亭）、西禅院、大佛殿遗址等。传说大佛殿是普应寺的主体建筑，为坐西向东的二层楼阁式建筑，惜毁于兵患。由大佛殿遗址可登至翔凤山顶，松柏掩映，巨石盘陀，山顶有晓祖宝塔、神棚钟楼等古迹。

悬崖古栈道存在了千年，它已不仅是一条路，更是佛教文化传播的路径，是无数心中充满苦难和希望的人们寻求世外桃源的精神承载（图6–7）。

二、寺院节点——仙人洞

仙人洞（又名金安寺）也是悬空栈道沿线的一处寺庙，距涔山乡小石门村约半公里。据传仙人洞创建于唐，现存为近年修整，悬于峭壁之上，颇有凌空欲飞之势（图6–8）。

过去，仙人洞靠悬崖古栈道与外界相连，如今周边栈道多废弃不用，而改由寺西沿山径小路登临。洞左侧的一个小殿是仙人洞主体建筑的引导（图6–9）。小殿为新修葺，五开间，前有外廊（图6–10），经过小殿便是仙人洞口（图6–11）。石洞为天然岩石，人入尚需弯腰，迎面有小影壁一块（图6–12），绕过此壁，便进入仙人洞主体建筑的外廊。

仙人洞主体建筑分上下两层（图6–13），下层面阔八间，其中主殿三间，左右各为一间住屋，前有走廊，走廊前又有木板伸出，为栈桥式，前置望柱七根，装有木栏板。上层面阔五间，主殿三间，进深两间，内有新塑壁画（图6–14），装饰有六抹头槅扇六个，余皆进深一间。上下层前均置走廊，供人登高望远。

整个建筑前部悬于山外，用十余根木柱撑于悬崖之上，结构精巧，十分险峻。

图6-8 远望仙人洞

图6-9 仙人洞小殿

图6-10 仙人洞小殿外廊

图6-11 仙人洞口

图6-12仙人洞影壁

图6-13 仙人洞主体建筑

图6-14 仙人洞上层壁画

三、未解之谜——石门悬棺

封建社会里，宁武地区盛行土葬，但在“九峰一山”中发现的大批悬棺崖葬，给这片宗教气息浓郁的山区又添了几笔神秘色彩。过去从汾河源头一直到涔山乡的每条沟谷内，在通风遮阳、背阴避雨的山崖下和石洞中都有悬棺存在，现仅存石门悬棺一处。

悬棺分布在峡谷中的绝壁上，石门悬棺即位于石门峡谷中（图6-15）。现在可见到的悬棺大致分三种类型，一种是放置在距峡谷一定高度的洞穴里，利用绝壁上的天然洞穴将棺木安插其中，建造相对简单（图6-16）。第二种是在绝壁上凿小洞横向钉入木桩，将木

图6-15 石门峡谷

图6-16 放置于洞穴中的悬棺

图6–17 置于悬挑木桩上的悬棺

图6–18 一端置于洞穴中，一端置于悬挑木桩上的悬棺

棺放在悬挑的木桩上，十分险峻壮观（图6-17）。还有一种则是这两种方式结合，木棺的一端置于绝壁上的洞中，而洞穴深度不足以安置整个木棺，另一端则由悬挑的木桩支撑（图6-18）。

古人创造性地利用山崖和洞穴，留下了这些神秘的建造，而为什么会出现这种形式？始于何时？所葬何人？人们一直在寻求着答案……

四、历史渊源——支锅奇石

在距悬空村不远的东寨北楼子山南麓五（寨）东（寨）公路旁一处峭岩顶部的斜坡上，有两块直径约60厘米的石块支撑着一块高约3米，宽约2米的巨石。巨石凌空傲立于约30度的斜坡上，状如加盖的锅，左侧有清晰可见的人头及眉眼，柱脚小石如同锅腿，当地百姓称其为“支锅奇石”。

这块奇石的传说十分动人：上古，江河横溢，汾水为患，烂泥遍地。五帝派水官治理。水官昧的儿子台骀多方勘察，劈山引水，疏浚河道，终使河水归道，泽地干燥。支锅奇石便是台骀镇压汾魔之处，也是台骀指挥治水的“将台”，故又称“镇魔石”。

《山西通志》载：明代设支锅石堡于此，周围230步，高1.2丈，南山以上五堡，“俱太原左卫屯军居”，又曾设“支锅石屯”。

支锅奇石所坐落的峭岩是一块整体页岩，岩壁上凿有“紫塞长城”四个大字，字体为长方形，每字长1.3米，宽0.5米，为明正德七年（1512年）兵备张翔凤题（图6-19）。

图6-19 支锅奇石

五、军工遗址——兵工厂

在悬空村所在的涔山乡，还有一处解放后建设的兵工厂遗址，见证了新中国发展的一段历史。

图6-20 兵工厂山洞

20世纪60年代，在毛主席“深挖洞、广积粮、不称霸”的思想指导下，为反修、防苏而大搞三线建设，利用内陆山地等修建了大量战备设施。在宁武县，1965年10月，中

图6-21 兵工厂宿舍鸟瞰

共中央华北局、北京市和五机部组成联合建厂组，在沤泥湾、窑只湾、馒头山三地兴建国营长城机械厂（代号187厂）、国营烽火机械厂（代号287厂）和国营恒光机械厂（代号286厂），1966年陆续开工，1972年投产。后由于选址不当，投资费用过大，于1982年被迫撤销，留下了多处山洞兵工厂及员工宿舍楼。山洞现在多废弃不用（图6–20），宿舍则大部分稍作改动后作为村民住房或旅游设施（图6–21）。

六、天下奇观——万年冰洞

万年冰洞位于涔山乡的春景洼、麻地沟二村之间的一座高山脚下，是国内规模最大、储冰最多的冰洞，也是世界上迄今为止在永久冻土层之外发现的罕见大冰洞。冰洞地面海拔2300米，洞腔垂直向下深达100多米，最宽处约40多米，最窄处仅有几米。在当地的气候条件下存在这样四季不化的冰洞，实属奇迹。特别是在酷暑炎夏，洞外绿草如茵，洞内冰壁凝寒，令人十分称奇。

万年冰洞现已开发供旅游者参观，外围建设了景观步道作为引导，内部上下三层，景象各不相同。

第一层距地面约30多米，洞顶、洞壁表面状如雪挂银花，洞顶常年不断的溶冰滴在洞底冰体上，经年累月，形成一个硕大的冰柱，高约五六米，圆周长约四五米。第二层一根冰柱贯穿，十分雄伟。第三层很不规则，左前方有两根硕大的冰柱耸立，上顶冰棚，下抵冰地。还有洞中洞，洞口冰体玉立，洞内深浅难测。右前方是一个冰厅，冰面上又有一个洞口，经探测，洞口下还有更大的冰厅，冰厅下有一个深不见底的洞口，是万年冰洞的第四层和第五层，暂时还没有开放。

从冰洞的第三层向上，所经与下行不同的路径，景象也有所不同。一座壮观的冰厅矗立眼前：巨大的冰瀑自洞顶直泻而下，其上形成了冰柱、冰挂、冰花、冰锥、冰蕾、冰旗、冰峰、冰人、冰兽、冰佛、冰鸟、冰笋、冰床等等，千姿百态，争奇斗艳。

整个冰洞景观千姿百态，加之变化的灯光效果，给人梦幻般的体验（图6–22）。

图6-22 万年冰洞内景

【第七章】

民俗与物产

MINSU YU WUCHAN

一、从管涔山说起

悬空村地处管涔山麓的清真山风景区，要说自然赐给悬空村民的宝贵财富，还要从管涔山说起。

苍翠的管涔林海（图7-1），是黄土高原上罕见的壮丽风景，怀抱着许多绮丽的景

图7-1 管涔林海

图7-2 芦芽山[1]

图7-3 森林

1 宁武县涔山乡党委书记吴雁臻提供.

图7-4 马仑草原

观。这里有名山（图7-2）、森林（图7-3）、峡谷、草甸（图7-4）、天池、洞穴、泉瀑等自然景观（图7-5），雄浑险峻，宁静秀美；有寺庙、石刻、村落、古遗址等人文景观，深厚淳朴，氛围独特；还有众多美丽的传说，流传至今，吸引着众多的探访者……

图7-5 汾河源头

从北魏、北齐到隋代，管涔山一直都是皇族避暑和游猎的场所，唐初仍覆盖着大量的森林，并以生产"巨木"著称，开元后由于长安建造宫殿砍伐树木、牧政的破坏及战争，森林遭到了大规模的破坏，解放前这里只有残存林地31万亩。解放后，林业部门开始对这里进行管理和整治，定期封山育林、植树造林，森林增加到了68万亩[1]。世代居住在此的村民深感自然的恩赐，形成纯朴的民风和浓重的环保意识，遵循着生物的生长规律，适时采摘，适度砍伐，保护着物种资源的生长和延续。

管涔山林属于黄土高原土石山区的水源涵养、防护和用材林区，是华北地区林相最好的林区，树种以云杉和华北落叶松天然次生林为主，被誉为"华北落叶松的故乡"和"云杉之家"。村民的建房材料都取自山中，不少生活器具也由木制而成，管涔山的生态资源和肥沃的土壤奠定了这里的生活基础（图7-6、图7-7）。

图7-6 华北落叶松

图7-7 云杉[2]

图7-8 羊肚菌[3]

图7-9 猪苓[4]

1 山西旅游景区志丛书编委会．管涔山志．山西人民出版社，2003年11月．
2 宁武县涔山乡党委书记吴雁臻提供．
3、4 http://image.baidu.com.

图7-10 蘑菇

图7-11 灵芝

自然环境的复杂多样孕育了管涔山区丰富的植物资源。这里有种类丰富的乔木、灌木和草本植物，其中菌类植物如羊肚菌（图7-8）、雷蘑菇、杯伞、猴头、木耳、猪苓（图7-9）等也十分丰富，还有各种苔藓、地衣植被等。老乡为了让我们看到这些自然的恩赐，冒雨上山采摘了好多蘑菇（图7-10）和灵芝（图7-11），透着水珠，十分新鲜和美味。

山中还有很多药材，随处可见。每逢有人身体不适，村民们就会在家旁边的地里或上山摘些药材，回家煮水或煎熬，服下之后自有功效，甚至比上医院吃药还见效快，这也许正是当地村民健康长寿的秘诀吧。常见的药用植物有党参（图7-12）、车前子（图7-13）、黄芪（图7-14）等。

管涔山区不仅植物种类繁多，动物资源也十分丰富，幽深的森林中更有奇珍异兽栖息。其中褐马鸡（图7-15）已经成为国家一级保护鸟类，金钱豹（图7-16）是国家二类保护动物，还有飞鼠等野生动物繁衍生息（图7-17）。

图7-12 党参[1]

图7-13 车前子

1 http://image.baidu.com.

图7–14 黄芪

图7–15 褐马鸡[1]

图7–16 金钱豹[2]

图7–17 飞鼠[3]

图7–18 沙棘

图7–19 油瓶瓶

图7–20 桑葚[4]

1～4 http://image.baidu.com

山中的野果晶莹剔透、芳香诱人，如沙棘（图7–18）、油瓶瓶（图7–19）、桑葚（图7–20）等，为游山增添无穷乐趣。

管涔山是一个奇特的地方，有宁静的村庄，有深邃的庙宇，有令人向往的环境，也有解不开的谜题。探究悬空村，不能不探访管涔山，因为能孕育神奇的地方一定是一个奇特的环境。

二、打谷

村西空旷处的打谷场是碾打粮食的地方。悬空村人多地少，院落周边较少空地，于是形成一块集中的打谷场，方便使用（图7–21）。

收获季节，村民们把收割的谷物在田间打捆，以小车推、大车拉、骡马驮、人背等方式运回麦场（图7–22）。打谷前要做必要的准备工作，即先需要清扫平整场地，以水泼场，再撒草木灰或捆土，用石碌轴压平地面，以供碾压麦穗和晾晒之用。值得一提的是，这里的老百姓打场都是在地冻之后，即在原本坚硬的冻场之上，泼上清水，铺设庄稼，叫做“冻场”。冻场一来可以避免尘土飞扬，二是可使颗粒不掺杂质，容易筛选，这种特殊的打场方式一直延续至今。

打谷时，先要把莜麦、蚕豆、豌豆、胡麻等放在打谷场中晾晒。各户均摊在场内，每家每户都有自己的一片领域，不用刻意划分（图7–23），面积不够时也有的晾晒在自家院内。此时是村中最热闹的时节，各家各场内摊开金灿灿的谷物，村中充满谷物的清香，牛马嘶鸣，人声喧闹。等到晾干之后，用手轻轻一搓，谷物就从壳内蹦跳出来，这时就在场内选择平整的硬质地块，摊开谷物，用人或牛马牲畜拉着石滚子碾压。谷物受压搓，均从壳中脱出，成为莜麦、蚕豆、豌豆、胡麻等。在这之后的扬场是整个加工过程中技术含量最高的一步，将谷壳混合物收集在一起，用木锨轻扬，依靠风力将密度小的外壳吹走，留下密度大的谷粒。这要求巧妙地根据风的大小和风向，以及谷物颗粒大小把握木锨使用的力度和方向。

打谷过程中，各家都在忙着整理自家的作物，场内村民彼此熟悉，免不了几场嬉笑打闹。有人顽皮地借风力将谷壳吹得旁户人家满头满脸，不免找来一阵奚落打骂。有时累了，就三五成群或坐或躺，在柔软的谷秸上闲聊几句、晒会儿太阳，甚至猫睡一

图7-21 空旷的打谷场

图7–22 运麦到场[1]

图7–24 嬉闹的孩子[3]

图7–23 平整场地[2]

下。有时需要通宵加工，这时夜间有农户在场内看护，以防野兽和刁民，场内于是灯火通明。

打谷场盛满了村民对生活的热爱，盛满了对生命的敬意，盛满了乡村生活难被打扰的快乐与宁静。每当打谷日来临，谷物散落一地，打谷子的人们、玩闹的孩童（图7–24），还有那些唠嗑的老人们，都不约而同在忙碌着，欢庆着自己盛大的节日。

打完谷子，麦秆来年还可当肥料，一片小小的土地就在这样的循环中养育了一代又一代的悬空村民。

1～3 宁武县涔山乡党委书记吴雁臻提供.

三、用具

俗话说的好：好把式还得靠好工具。悬空村地处深山，靠天吃饭，长年积累下来的生产生活用具品种繁多，作用各不相同。老乡看到游客，会很热情地从仓库找出各种工具并且细细讲述它们的故事……

说着说着，老乡就拿出了一些用具，从生产到生活上的一应俱全，有犁、耙、耧、镰刀、锄、锨、铡刀、碾子等农具（图7–25），有木工工具（图7–26），有量具斗（图7–27）；有箩筛（图7–28）、饸饹床子（图7–29）、汆子（图7–30）、笊篱（图7–31）、油篓（图7–32）、做鞋的夹板（图7–33）、线捻子（图7–34）等生活用具；还有我们基本没有见过的，像推窝窝石头（图7–35）、打猎用具（图7–36）、背篓（图7–37、图7–38）等，样子考究，工艺精巧，凝结着人们的智慧，让人感觉仿佛走进了一个神奇的用具世界。

图7–25 农具

图7–26 木工工具

图7–27 斗

图7-28 箩筛

图7-29 饸饹床子

图7-30 汆子

图7-31 笊篱和勺子

图7-32 油篓

图7-33 做鞋的夹板

图7-34 线捻子

图7-35 推窝窝石头

图7-36 打猎用具

图7-37 人工背篓

图7-38 牲畜驮篓

生活用具代表着当地的生活特色。像抿面床子（图7—39），是用来压面条的，将和好的面团放到床子上面，随着手劲往下压，面就会从圆网中顺滑地溜下，简直就是一挂银色的瀑布。还有祖祖辈辈流传的油灯（图7—40），灯身已布满灰尘，让人想起慈母在幽暗的灯下为即将远去的游子缝补衣衫时的景象。

图7—39 抿面床子

图7—40 油灯

四、那山，那树，那人

涔山乡小石洞村有一位家家户户都知晓的民间艺人——张存海（图7—41），怀着对大山和古树的热爱，张存海多年前来到悬空村开始他的根雕人生。一截盘根错节的枯木，经过他妙手的点化，就能成为一件精美绝伦的艺术品。村中栈道的扶栏就是他的杰作，交错的木条是用从山上掉下的树杈削剪而成的，保持了天然的状态，就像从山中生长出一般（图7—42）。

张存海是位根雕大师，他潜心钻研根雕艺术，心无旁骛，乐此不疲，到深山僻地去寻找盘根错节的枯木树根，在一间斗室里给枯木以艺术的生命；他也是一位心灵手巧的“草根”艺人，凭着对根雕的执着和热爱，凭着对艺术的独特感悟，在最近八九年的时间里，创作出了具有相当水平、各具特色的根雕作品。

在他眼中，世间万事万物都是有生命、有灵魂、有根的。他一再强调根雕和根艺的区别，根雕只在自然的形态上进行轻微的改变；而根艺则是要做艺术的加工。张存海大师更喜欢根雕，因为他喜欢自然、无过多修饰的艺术，这需要丰富的想像力和精湛的技艺，体现的是一种意境，一种对自然和对根的追求。

在他充满灵动气息的工作室中，陈列着千奇百怪的根雕作品，这些作品不仅有名称和含义，细细品味，它们还仿佛有灵魂一般，有哭，有笑；有扭动，有静止；有木头的，有石头的；有钙化木根的（图7—43），有根抱石的（图7—44），个个栩栩如生，叫人赞叹不已。其中他自己最喜欢的作品有《吉祥如意》（图7—45）、《春晓》、《中国版图》等。

图7—41 张存海与他的根雕

图7—42 张存海设计的栈道栏杆

图7—43 钙化木根木雕

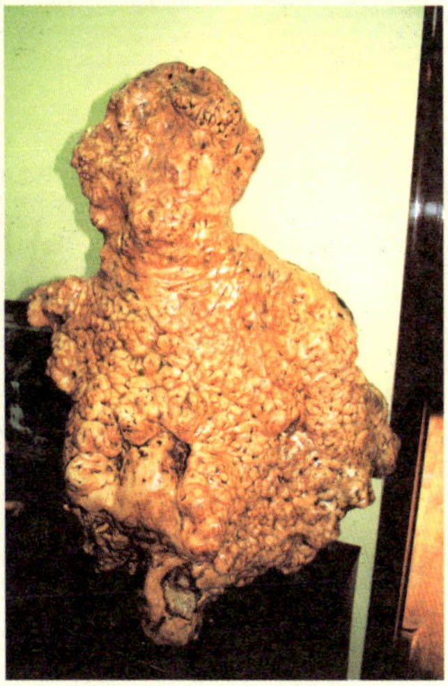

图7—44 根抱石雕

图7—45 “吉祥如意”

五、边吃边唠

在悬空村走走看看，老乡会非常热情地邀你到家中做客，体验一下村民的日常生活。

来到一户人家，院口有一条小狗在看家，见到陌生人会站起来眼睛警惕地打转，仿佛在确认着什么，但是看到主人和客人们热情的谈话，又仿佛明白了什么，摇着尾巴在你身边转来转去表示它的友好，真是一只有灵气的小家伙（图7—46）。

院子里时不时会窜出一只猫（图7—47），享受午后的阳光，村里家家户户都有猫，可以帮助抓老鼠保护粮食。

屋内有座火炕，炕上非常暖和，山区冬日寒冷，这炕便发挥了作用。潮湿的夏日里也可用它烘干蘑菇（图7—48）和茶叶（图7—49）等。火炕上有时放着个大箱子，储藏些衣物，吃饭的小桌也在炕上，炕旁边储存着金灿灿的小米（图7—50），一副农家乐融融的景象。

图7—46 灵气的小狗

图7—47 猫[1]

图7—48 银盘蘑菇

图7—49 毛尖叶子茶

1 宁武县涔山乡党委书记吴雁臻提供.

图7–50 小米

火炕边上有灶台，通常上面供奉着灶王爷，有时也会供灶王奶奶。老乡说，唐宋这里寺庙密布，村民对神的敬畏之情难于言表，祭灶的供品相当丰富且场面宏大；随着时代的变迁，祭祀活动已经融入了村民的生活，从前的繁文缛节已被抛却，一盘水果、一些点心或几个菜都可作为供品，同样可以表达对灶王的敬仰和自己美好的愿望。

说着说着，女主人就忙活了起来（图7–51），灶台就在门口，村民将林子里的落枝捡回，用来烧火做饭和取暖，木头在炉中啪啪作响，冒着点点火星。老乡一边炒菜，一边和我们聊着美味佳肴，一会就做成了一桌子饭菜（图7–52）。

图7—51 忙活的女主人

图7—52 一桌子的菜

这里人们好吃面食，每顿饭几致无面不足、无馍不饱，相沿成习，由来已久。一日三餐皆以面食为主，或稠或稀，或干或汤，粗细搭配，烹制技艺十分丰富。品种繁多的原料通过农家妇女的慧心巧手，可以制作出数以千计的品种来，各种造型的面食可口又诱人。不仅作为日常饮食，祭祀时也是必不可少的，还有面塑（图7—53），造型灵动，十分惹人喜爱。

最有名的当属“莜面窝窝”，因形状像蜂窝，故称莜面窝窝。它的制作特点在于“三熟”：首先是把莜麦炒熟，再磨成面；其次是莜麦面和制时要烫熟，所以必须用开水和面；再次是蒸熟，即将搓制排放好的莜面窝窝用旺火蒸熟。和面时，用手揪一块10克左右的小剂子（随做随揪），放在光滑的板面上用手掌推一下，再用食指将其卷成如“猫耳朵”的筒状，长寸许、薄如叶、色淡黄，做好后，挨个站立并排在蒸笼内，用旺火蒸15分钟左右即成。刚蒸出来的莜面窝窝个个晶莹剔透，薄的像一层白纸，透着热气，香味扑鼻，让人垂涎欲滴（图7—54）。吃时再配以肉卤（最好是羊肉或蘑菇汤调的卤），让人闻之垂涎，胃口顿开，食之筋道，回味无穷。莜面还可炒着吃，也有一番滋味。

图7—53 面塑[1]

说话间，老乡又从内屋拿出一个表面釉色已经斑驳的坛子。别看它长相普通，

1 宁武县涔山乡党委书记吴雁臻提供.

图7—54 莜面窝窝

里面的东西可重要哩。当地人管它叫“老腌菜”，主要是用萝卜等蔬菜，经过腌制、晒干、蒸熟、煮透、再晒干、窖藏等工序制成，一般要头一年秋天开始制作，到第二年夏天才能食用。老腌菜如陈年老酒，越放越好吃，是家家户户的美味。

土豆也是村民喜欢的食物之一，最有名的是烤土豆和土豆炖排骨。将洗好的土豆往炉火里那么一抛，等上几分钟再拿出来，滚烫的冒着香气的烤土豆就出炉了。不仅香味浓，颜色也很好看，仿佛滚落人间的陨石（图7—55）。还可用土豆和其他蔬菜乱炖，绵软似泥，是城里再高档的餐厅也做不出的美味，绝对的香甜，别提有多好吃了！

由于家家都放养鸡群（图7—56），所以村民都吃野生鸡蛋。野生鸡蛋在油中翻搅，散发出清淡的香味，丝毫没有油腻感，而且颜色是金黄色的，可谓既好吃又好看。

蘑菇也是当地的一道美味，尤其是刚从山上采摘的新鲜蘑菇，清炒过后，入口滑润，略微有些苦味，但正因如此才非常爽口，鲜嫩十足。近年来随着生活水平的提高，家养的小鸡炖蘑菇提上了餐桌，成为“农家乐”的又一道美味。

图7-55 烤土豆

图7-56 鸡

图7-57 温柔的小羊

六、山间的云

从村中经过的旅行者，只要稍加留心，就会注意到路边一根根的原木围出的空地和旁边的小屋，这是用来圈养羊群的。悬空村几乎家家都有上百头羊，年终时卖出能获得不少的收入。走在村中，时而看到温顺的小羊对你一瞥，诉说着村落古老而温馨的故事（图7—57）。

高耸的如墨的青山上，羊群如朵朵白云在山间游散，跟着放牧人的脚步从这个山头到那个山头，悠闲地吃着草。伴着清晨朦胧的太阳和山间的轻雾，早起的人们一边赶着羊群，一边轻声哼唱……（图7—58）

图7—58 山间的云

后记

悬空村位于宁武县西南部，周边为茂盛的原始次生森林，环境优美。由于村落建造于悬崖峭壁之上，选址奇特，故得名悬空村。又因民居之间以悬空栈道相连，被称为“栈道人家”。

和我们课题组以往研究的古村镇相比，悬空村有明显的特点。首先，保持了更为原生态的生活，村民每天挑水劈柴，睡炕烧木，骡马驮运，羊群漫山，过着简单、开心而低碳的生活；其次，保持了更为原生态的自然环境，群山环抱，溪流环绕，山青水秀，宁静优美，周边亦有著名的景区，如芦芽山、汾河源头、万年冰洞、马仑草原、石门悬棺、古刹栈道等；其三，保持了更为原生态的民居形式，这里没有显赫的大户人家，没有过多的建筑装饰，而是用原始的材料，和自然融为一体，简单质朴，具有浓厚的乡土气息。

对悬空村的调查，从2009年8月开始，前后持续了一年半。在悬空村的调查和研究过程中，我们得到了各方面的帮助和支持。山西省住房和城乡建设厅厅长王国正、总规划师李锦生等领导对这套丛书给予了高度重视和积极支持。城建处处长张海同志（原村镇处处长）对本书的定位、框架提出了许多宝贵意见和具体指导。村镇处处长薛明耀、副处长于丽萍同志为了保证调查研究工作的顺利开展做了大量的组织和协调工作。涔山乡党委书记吴雁臻、宁武县悬崖古居开发有限责任公司董事长李俊杰等，对我们的调查研究给予了多方面的支持和帮助。整个调查工作是在刘捷副教授的主持下进行的，先后参加调查的硕士研究生和高年级本科生有徐彤、李超、李欣欣、石玉、马琛、崔星、王磊、王家赓等。我和佘高红副教授亦参加了部分调查。

令人欣慰的是，2010年，悬空村被公布为“中国历史文化名村”。我们愿继续为悬空村的保护发展做些力所能及的事情，也衷心祝愿悬空村的文化遗产留存千古，并得到合理的开发利用！

本书由刘捷、徐彤、李超、李欣欣、于丽萍、薛林平分别撰写了相关内容或参加了相关工作，最后由刘捷统一修改定稿。想必书中还会有遗漏、不妥、错误之处，恳请各界学者及广大读者批评指正。

薛林平
北京交通大学建筑与艺术系
2010年12月3日